KB200033

십자가 새롭게 읽기

예수님의 마지막 일곱 말씀에서 배우는 기독교 핵심

십자가 새롭게 읽기

지은이 | 권해생
초판 발행 | 2021. 10. 20
5쇄 발행 | 2023. 6. 12
등록번호 | 제1988-000080호
등록된 곳 | 서울특별시 용산구 서빙고로 65길 38
발행처 | 사단법인 두란노서원
영업부 | 2078-3352 FAX | 080-749-3705
출판부 | 2078-3331

책값은 뒤표지에 있습니다.
ISBN 978-89-531-4091-2 03230

독자의 의견을 기다립니다.
tpress@duranno.com www.duranno.com

두란노서원은 바울 사도가 3차 전도여행 때 에베소에서 성령 받은 제자들을 따로 세워 하나님의
말씀으로 양육하던 장소입니다. 사도행전 19장 8-20절의 정신에 따라 첫째 목회자를 돕는 사역
과 평신도를 훈련시키는 사역, 둘째 세계선교(TIM)와 문서선교(단행본·잡지) 사역, 셋째 예수문화 및 경
배와 찬양 사역, 그리고 가정·상담 사역 등을 감당하고 있습니다. 1980년 12월 22일에 창립된 두
란노서원은 주님 오실 때까지 이 사역들을 계속할 것입니다.

예수님의
마지막 일곱 말씀에서
배우는
기독교 핵심

십자가 새롭게 읽기

권해생
지음

두란노

목차

예수님이 십자가 고난의 절정에서 하신 일곱 마디 말씀보다 더 심층적으로 그 고난의 의미가 드러나는 대목은 없다. 이 책의 독특한 공헌은 처음으로 이 가상칠언을 중심으로 십자가의 의미를 해설했다는 점이다. 가상칠언을 그 문맥에서뿐 아니라 복음서 각 권의 주제와 연결해서 살피고, 더 나아가 신구약 성경 전체를 관통하는 신학적인 맥락에서 고찰함이 탁월하다. 학술적인 깊이를 희생하지 않으면서 아주 쉽고 편하게 읽을 수 있는 대중성을 확보하는 데도 성공적이다. 십자가에 대한 명징한 깨우침과 함께 진한 감동을 선사한다. 십자가를 바로 이해하기 위해 꼭 읽어야 할 책이다.

박영돈 작은목자들교회 담임 목사, 고려신학대학원 교의학 명예 교수

예수 그리스도의 십자가는 하나님의 신비입니다. 바울이 말한 것처럼 십자가는 누군가에게는 미련한 것이지만, 구원을 받는 우리에게는 하나님의 능력입니다(고전 1:18). 그러므로 하나님의 능력을 진정으로 맛보기를 원한다면 우리는 그리스도의 십자가에 더욱 착념해야 합니다. 우리가 십자가의 의미를 더욱 풍성히 깨달을수록 그 능력의 깊이와 너비도 더 알아 가게 될 것입니다.

권해생 교수님의 《십자가 새롭게 읽기》는 우리를 십자가에 대한 더 깊은 이해로 이끌어 줍니다. 물론 십자가에 대한 책은 수도 없이 많지만, 저자가 언급한 것처럼 한국 교회 내에서 십자가에서의 예수님의 일곱 마디 말씀에 주목하면서 십자가의 의미를 탐구한 책은 드뭅니다. 그렇기에 이 책이 그리스도의 십자가에 대한 우리의 시각을 이전보다 한층 더 넓혀 줄 것을 기대합니다.

무엇보다 이 책을 읽으며 저자가 한국 교회의 여러 상황을 염두에 두고 이 글을 써 나갔다는 것을 느낄 수 있었습니다. 교회를 향한 사랑과 그로 인한 안타까움이 글 곳곳에서 묻어납니다. 저자의 간절함 바람처럼 이 책을 통해 한국 교회가 십자가를 새롭게 바라보게 될 뿐만 아니라 십자가를 지고 예수님을 따르는 교회와 성도로 새로워질 수 있게 되길 바랍니다.

송태근 삼일교회 담임 목사

예수님을 믿는 사람들은 모두 십자가를 사랑하고, 십자가를 매우 중요시합니다. 그 십자가에서 예수님이 하신 7가지 말씀을 중심으로 십자가와 예수님의 사역의 의미를 잘 드러낸 《십자가 새롭게 읽기》가 권해생 교수님에 의해서 귀한 선물로 한국 교회에 주어졌습니다.

이 책은 십자가상에서 예수님이 남기신 일곱 마디 말씀을 다 예수님이 말씀하셨음을 기정사실화하면서 그 말씀의 의미를 잘 드러내 줍니다. 교회는 오랫동안 그렇게 믿어 왔습니다. 그러므로 이 책은 참된 교회의 역사적 전통에 충실한 책입니다.

그런데 문제는 이것을 참으로 받아들인다고 말하는 대부분의 한국 교회 성도들이 이 말씀들의 의미를 깊이 있게 생각하지 않는다는 데 있습니다. 바로 이 문제를 해결하는 것이 이 책을 통해서 권해생 교수님이 하신 작업의 의미입니다. 학자들의 깊이 있는 논의를 잘 반영하면서도 누구든지 접근할 수 있는 형태로 이를 효과적으로 전달합니다.

십자가를 임마누엘, 희년, 구원, 믿음, 새로운 가족, 목마름 해소, 그리고 새 창조와 연관시켜서 십자가상의 예수님의 일곱 말씀과 기독교의 중요한 7개의 주제를 연결해 제시하는 이 책을 통해서 우리가 2000년 전 골고다 언덕으로도 가 보고, 존 뉴턴과 조지 뮬러의 도시 브리스톨에도 가 보며, 브리스톨에서 권해생 교수님과 함께 공부하셨던 자일스와 대화도 할 수 있게 됩니다.

이 책을 통해서 우리가 참으로 성경적 의미에서 십자가를 사랑하는 교회와 성도들이 되었으면 합니다. 그러면 우리는 그리스도의 십자가만이 유일한 구원의 길이라는 것을 분명히 하게 될 것이고, 그 진정한 의미를 알고 감사해서 삼위일체 하나님께 참된 예배를 하며, 예수님의 뒤를 따라가는 진정한 제자들의 삶을 살게 될 것입니다. 또한 종교개혁 시기에 성경적 각성을 하게 된 사람들처럼 예배당 안에나 각 집에 있는 화려한 십자가를 제거하고 주님이 우리를 위해 매달리신 골고다 언덕의 그 흉악한 십자가를 자랑하면서 살게 될 것입니다.

이 귀한 책을 많은 분이 읽고 여러 면에서 유익을 얻기 바라면서 한국 교회에 추천합니다.

이승구 합동신학대학원대학교 조직신학 교수, 한국복음주의신학회 회장

십자가는 신앙의 중심이다. 모든 은혜와 구원은 십자가라는 중심에서 흘러나오고, 십자가라는 중심으로 되돌아간다. 골고다 언덕 위의 십자가는 세상의 중심이고, 우주의 중심이다. 그 중심에 세워진 십자가 위에서 주님이 하신 일곱 말씀은 말씀마다 구원의 긴 경륜이 압축되어 있고, 하나님의 온 마음이 실린 우주적 무게가 담겨 있다. 그래서 가상칠언은 하나님의 사랑 안으로 들어가는 문들이요, 십자가의 깊은 의미를 여러 각도에서 보게 해 주는 창문들이다.

저자는 가상칠언이라는 7개의 문들을 통과하면서 우리를 깊은 하나님의 은혜 안으로 인도하고, 7개의 창문들을 통해 십자가의 찬란한 모습을 새롭게 보여 준다. 십자가의 영원한 감동의 울림을 그치지 않는 긴 여운으로 새롭게 맛보기를 원한다면 가상칠언을 통해 십자가를 보게 해 주는 이 책을 보라.

정현구 서울영동교회 담임 목사

왜 십자가인가? 왜 가상칠언인가?

왜 십자가인가?

기독교 역사상 가장 문제가 많은 교회를 아는가? 대답을 못할 수 있다. 지난 2000년 동안 문제 많은 교회가 어디 한둘이었겠는가. 그리고 지금부터 말하는 이 교회가 정답이 아닐 수도 있다. 그러나 이 교회의 이름을 들으면 아마도 '그럴 수 있겠다'는 생각을 할 것이다. 이 교회는 고린도 교회다.

오늘날 일어날 수 있는 교회 문제의 상당 부분이 벌써 2000년 전 고린도 교회에서 일어났다. 고린도 성도들은 바울파, 아볼로파, 게바파, 그리스도파로 서로 나뉘어서 싸웠다. 자기가 누구에게 세례를 받았는지, 혹은 누구를 추종하는지를 내세웠다. 서로를 시기하며 자신을 높이고 상대방을 무시했다. 심지어 성도들끼리 세상 법정에 고발하며 다투는 일이 벌어졌다.

또한 그들 중에는 음행하는 자들이 있었다. 창녀와 음행하는 자들까지 있었다. 우상을 숭배하는 이들도 있었고, 우상의 제물을 먹을 수 있는지에 대한 논란도 있었다. 성령의 은사 문제로 교회가 어지러웠다. 서로 자신의 은사가 특별하다고 자랑하며 다른 은사를 우습게 보았다. 분열과 다툼, 시기와 차별, 음행과 우상 숭배, 비난과 고소 등 각종 문제가 교회 안에 가득했다.

고린도전서에서 사도 바울은 교회의 이런 문제를 듣고 각 문제에 대해 하나하나 적절한 해결책을 말해 준다. 그러나 두 가지 큰 원리를 제시하면서, 그 기초 위에서 각각의 문제를 풀기 원했다. 두 원리를 편지의 시작과 끝에 배치해서 모든 문제를 감싸게 했다. 두 원리는 '십자가'와 '부활'이다. 1장을 십자가로 시작해서, 15장에서 부활을 언급한다. 십자가와 부활이 그리스도인의 문제, 교회의 문제를 푸는 열쇠라는 말이다. 십자가와 부활을 바탕으로 모든 문제가 풀릴 수 있다는 의미다.

'맥가이버 칼'을 아는가? 스위스 군용 칼을 일컫는데, 그 칼 안에는 다양한 공구들이 들어 있다. 예전에 방영된 TV 외화 주인공인 맥가이버가 이 칼 하나만 가지고 여러 가지 문제를 척척 해결해서 '맥가이버 칼'이라 부른다. 십자가와 부활은 신앙생활에서 일종의 맥가이버 칼인 셈이다. 이를 잘 이해하고 사용하면 웬만한 신앙 문제는 다 해결할 수 있다. 웬만한 어려움은 뚫고 지나갈 수 있다. 개인 신앙, 자존감, 인간관계, 가정, 교회의 문제가 해결될 수 있다. 그러므로 우리가 의지하고 주목해야 할 것은 십자가와 부활이다.

왜 가상칠언인가?

십자가 위에서 예수님이 하신 일곱 마디 말씀을 '가상칠언'(架上七言)이라고 한다. 가상칠언이라는 단어 자체는 성경에 나오지 않지만 우리에게 굉장히 익숙하다. 사순절이나 고난주간에 설교자들의 설교 본문으로 자주 사용된다. 그런데 가상칠언에 대한 목회자들의 설교나 묵상 관련된 책은 출간되었는데, 성경학자가 쓴 전문 해설서는 좀처럼 찾기 힘들다. 물론 성경 각 권 주해에서 학자들이 가상칠언의 의미를 일일이 밝히고 있지만, 가상칠언을 한 묶음으로 연구해서 설교자나 성경연구자를 돕는 책은 없다.

그동안 십자가의 의미를 설명해 주는 다양한 책이 출판되었다. 대표적으로 30년 전에 나온 존 스토트(John Stott)의 《그리스도의 십자가》(IVP, 1988)부터 최근에 출간된 톰 라이트(N. T. Wright)의 《혁명이 시작된 날》(비아토르, 2019)까지 많은 학자가 예수님의 십자가 죽음의 의미를 효과적으로 설명하려 했다.[1] 그러나 가상칠언을 중심으로 십자가를 설명하는 책은 없다. 이 책은 예수님의 십자가의 여러 의미 중에 특히 가상칠언에 담긴 의미를 파악해 보려는 시도다.

고통이 극에 달한 시점에, 숨 쉬기조차 힘드셨을 텐데, 예수님은 바로 그때 일곱 마디 말씀을 남기셨다. 우리에게 꼭 필요한 말씀이기 때문에 아무리 힘들어도 말씀하지 않으실 수 없었던 것 같다. 따라서 그 말씀의 신앙적, 그리고 신학적 의미를 되새기는 것은 우리에게 매우 중요하다.

가상칠언에 나오는 십자가의 의미를 효과적으로 파악하기 위해 이 책은 다음의 질문들을 던져 보았다.

° 가상칠언에 구약과 신약을 관통하는 중요한 성경신학적 의미가 있는가?
° 가상칠언이 속한 성경 각 권의 주제와도 연결되어 있는가?
° 가상칠언이 속한 문맥의 의미와 조화를 이루고 있는가?
° 가상칠언이 다른 신약 성경과 초대 교회에서 어떻게 계승 되고 있는가?
° 가상칠언이 오늘날의 우리에게 어떻게 적용될 수 있는가?

물론 모든 가상칠언 말씀에 천편일률적인 질문을 한 것은 아니다. 하지만 대략 이런 질문들을 제기하며 가상칠언의 '십자가 의미'를 밝히려 했다. 기존에 알고 있던 가상칠언의 의미를 더 풍성하고 새롭게 알 수 있도록 했다. 그리고 그 의미들을 오늘날 우리 삶에 '적용'하려 했다. 또한 각 장 끝에는 '토론과 나눔을 위한 질문'을 넣어 공동체에서 십자가 공부를 하는데 도움이 되고자 했다. 십자가는 나를 위한 예수님의 사역인 동시에 우리를 위한 것이기 때문이다. 그래서 각 장은 '십자가의 의미' - '묵상과 적용' - '토론과 나눔을 위한 질문'으로 구성되었다.

가상칠언을 시간 순서로 배치하여 설명하려는 시도들이 종종 있다. 그러한 시도를 반대하지는 않지만, 사복음서에 나오는 가상칠언이 첫 번째부터 일곱 번째까지 시간 순서로 명확하게 구분되지는 않는다. 다만 설교할 때는 대략적인 시간 순서로 구성하는 것이 현장감 있는 전달을 위해 나쁘지는 않은 것 같다. 그러나 이 책에서는 가상칠언을 시간 순서가 아니라 권별로 해설했다. 왜냐하면 가상칠언은 성경 각 권의 주제와 각각 연결되어 있기 때문이다. 또한 가상칠언 서로가 각 권 안에서 밀접하게 연결되어 주제를 드러내기 때문이다.

다른 한편, 사복음서에 나오는 가상칠언을 본격적으로 살펴보기 전에 먼저 프롤로그에서 십자가형이 주후 1세기 당시 어떤 사형 제도였는지 간단히 설명했다. 그리고 십자가가 초기 기독교에서 차지한 위치에 대해서도 언급했다. 또한 십자가를 자랑한 사도들의 고백도 알아보았다.

가상칠언에서 십자가를 새롭게 만나다

2020년 갑자기 찾아온 코로나19 사태로 한국 교회 전체가 힘들었을 때 한국 교회 일원인 필자도 참 힘들었다. 무엇보다 현장 예배가 제대로 진행되지 않아 영적으로 많이 곤고했다.

이러한 곤고함을 느끼던 때가 마침 사순절 기간이라 십자가에 대한 책과 영상을 두루 살펴보았다. 다른 무엇보다 필자의 영혼을 위해서였다. 여러 설교와 글을 접하면서 십자가의 은혜로 마음을 좀 추스를 수 있었다.

다만, 한 가지 아쉬움이 있었다. 해마다 사순절 기간이면 자주 듣던 예수님의 가상칠언에 대한 전문 해설서가 시중에 없었다. 그래서 가상칠언을 전문적으로 연구하여 한국 교회에 소개하고 싶은 소망이 생겼다. 아쉬움이 소망으로 바뀐 것이다. 학교에서 십자가에 대한 수업을 개설하고, 교회에서 성도들에게 가상칠언을 가르쳤다. 두란노서원의 요청으로 목회자와 성도를 위한 특강을 하기도 했다. 그리고 틈틈이 책을 집필했고, 마침내 출간하여 이렇게 독자들 앞에 내놓게 되었다.* 부족한 점이 많아 부끄럽지만, 십자가를 이해하고자 하는 분들에게 조금이라도 도움이 되면 좋겠다.

십자가를 강의하고 집필하는 동안 가장 큰 혜택은 필자가 받은 것 같다. 하나님이 예수 그리스도의 십자가 안에서 베푸신 풍성한 은혜를 더 깊이 알고 감격하게 되었다. 그래서 십자가를 더 의지하고 자랑하게 되었다. 예수님을 더 사랑하게

---

* 이 책은 원래 신학생들에게 "십자가와 부활 신학"이라는 과목으로 강의한 내용 중 일부다. 두란노바이블칼리지에서 목회자와 성도를 위해 "십자가 새롭게 읽기", "부활 새롭게 읽기"라는 제목과 내용으로 좀 더 각색되었다. 이 중 "십자가 새롭게 읽기"를 먼저 책으로 출판하게 되었다.

되었고, 하나님께 더 감사하게 되었고, 성령님에 대해 더 간절하게 되었다. 마음이 안정되었다. 주위를 대하는 태도가 달라졌다. 교회를 더 따뜻하게 보게 되었고, 하나님 나라를 더 소망하게 되었다. 이 모든 것이 십자가를 통해 왔다. 아무쪼록 필자가 받고 누린 십자가의 은혜가 독자들에게 잘 전달되기를 바란다.

졸저를 위해 기꺼이 추천사를 써 주신 네 분의 귀한 교수님들과 목사님들께 감사드린다. 선생의 못난 글을 읽고 교정에 힘써 준 제자 이정화 박사, 이혜인 목사께 고마움을 전한다. 책의 출판을 위해 애써 준 두란노서원에도 감사 인사를 드린다. 늘 곁에서 힘이 되어 주는 아내와 두 아들에게도 고맙다는 말을 하고 싶다. 끝으로 불충한 종을 오랫동안 참으시고, 여기까지 인도해 주신 삼위 하나님께 모든 영광을 돌린다.

2021년 10월

수지 광교산 자락에서

권해생

십자가형이란?

바울은 그리스도의 십자가 외에는 결코 자랑할 것이 없다고 고백했다(갈 6:14). 현대 그리스도인들에게 그의 고백은 익숙하면서도 당연하게 들린다. 왜냐하면 기독교는 그리스도의 십자가 사랑에 기초하기 때문이다. 그래서 십자가는 기독교의 상징으로 오랫동안 사랑받아 왔다.

그러나 주후 1세기 로마 제국의 시민들에게 이 말은 굉장히 충격적인 고백이 아닐 수 없었을 것이다. 십자가는 자랑할 만한 것이 못 되는, 오히려 입으로 내뱉기 싫은 단어였다. 당시 십자가는 죄수를 처형하는 가장 악랄하고 혐오스런 도구였다. 그래서 십자가를 자랑한다는 바울의 고백은 유대인에게든 헬라인에게든 가히 충격적인 선언이었다.

그렇다면 얼마나 충격적이고 얼마나 깊은 의미를 지닌 선언이었을까? 바울이 살던 주후 1세기 유대와 로마 세계에서 사형 제도로서 십자가의 의미를 좀 더 자세히 살펴보자.

유대 사회에서 십자가형

유대 사회에서 가장 일반적인 사형 제도는 죄인을 돌로 쳐서 죽이는 투석형이었다. 율법은 하나님의 이름을 모독한 자(레 24:16), 우상 숭배자(신 17:2-7), 간음한 자(신 22:21, 24)를 돌로 쳐 죽이라고 한다. 심지어 안식일 규례를 어겼다고 돌에 맞아 죽은 자도 있었다(민 15:32-36). 신약에서 예수님과 유대인들이 간음하다 잡혀 온 여인에 대해 논쟁하는 과정에서도 이와 같은 투석형이 언급된다(요 8:1-11).

그렇다면 유대 사회에서 사형 제도로서 십자가형이 있었을까? 구약이나 유대 문헌에서 십자가형을 사형 제도로 사용한 예는 찾기 힘들다.[1] 다만 죽여서 나무에 매단 경우는 있다. 신명기 21장 22-23절에는 죄인을 돌로 쳐 죽인 다음에 그 시체를 나무에 달아 놓는 것에 관한 규례가 나온다.

> 사람이 만일 죽을죄를 범하므로 네가 그를 죽여 나무 위에 달거든 그 시체를 나무 위에 밤새도록 두지 말고 그날에 장사하여 네 하나님 여호와께서 네게 기업으로 주시는 땅을 더럽히지 말라 나무에 달린 자는 하나님께 저주를 받았음이니라(신 21:22-23).

여호수아 10장 26절에 따르면, 가나안 남방 연합군을 무찌른 후 여호수아가 5명의 왕들을 죽여서 나무에 매달았다. 이와 같이 이스라엘 전통에는 나무에 매달아 사형시키는 제도는 없었다. 다만, 죄수와 적을 먼저 죽인 다음에 나무에 매달아 놓는 관습은 있었다.

그렇다면 사형을 시켰는데, 왜 굳이 그 시체를 나무에 매달았을까? 아마도 백성들을 향한 본보기로 삼기 위해서였을 것이다. '죄인은 이렇게 처벌받는다'는 것을 보여 줌으로써 죄를 짓지 말라고 경고했을 것이다. 또한 적의 시신을 나무에 매달았다면 이것은 주변 적들에 대한 경고였을 것이다. '우리를 대적하는 자는 이렇게 된다'고 선포한 것이다.

그런데 예수님은 왜 투석형이 아니라 십자가형을 받으셨을까? 아마도 예수님 당시 로마 당국이 유대인들의 사형 집행을 금지한 데서 비롯한 것 같다. 그래서 예수님을 죽이기를 꺼리던 빌라도가 대제사장들과 장로들에게 유대인들의 법대로 처결하라고 하자, 그들은 자신들에게는 사람을 죽이는 권한이 없다고 말했다(요 18:31). * 마침내 빌라도는 예수님께 십자가형을 언도했다.

그러나 비록 예수님은 로마법에 의해서 십자가형을 언도받고 돌아가셨지만, 유대 율법이 말하는 나무에 달린 저주받

---

* 그렇다면 스데반이 투석형으로 순교당한 것은 어떻게 설명해야 할까? 아마도 종종 투석형으로 사람을 죽였던 것 같다. 따라서 자신들에게는 사람을 죽일 권한이 없다고 한 대제사장들과 장로들의 말은 핑계처럼 들린다. 예수님을 더 잔혹하고 수치스럽게 죽이려고 그들은 십자가형을 의도했을 것이다.

은 자가 되셨다(신 21:23). 결국 죄인을 대신해서 저주받은 자가 되신 것이다. 예수님을 믿는 자들의 저주를 담당하셨다. 예수님은 로마법에 의해 돌아가셨지만, 유대 율법을 성취하셨다.

요컨대 예수님의 십자가형은 유대의 율법에 따라 시행된 것은 아니지만, 결국 예수님은 나무에 달린 자로서 율법이 말하는 저주받은 자가 되셨다. 죄인들이 받을 저주를 받으시고, 그분을 믿는 자들에게는 저주가 돌아가지 않게 하셨다.

로마 사회에서 십자가형

십자가형은[2] 로마 제국 당시 죄인을 가장 고통스럽고 수치스럽게 만드는 형벌이었다.[3] 화형이나 맹수형도 매우 고통스럽지만, 십자가형이 죄인을 가장 고통스럽게 했다. 왜냐하면 빨리 죽지 않고 천천히 고통스럽게 죽기 때문이다. 피가 몸에서 서서히 빠지고, 호흡이 점점 힘들어져, 오랫동안 십자가에 매달려 있다가 결국 심장 마비나 질식, 쇼크로 숨진다.[4] 심지어 며칠 동안 십자가에 매달려 죽어 가는 죄수들도 있었다.

십자가에 못 박히기 전에 죄수는 채찍질부터 당하며 살점이 떨어져 나가고 피를 흘린다. 일반적으로 십자가의 세로 기둥은 처형 장소에 미리 준비되었고, 가로 기둥은 죄수가 직접 지고 가도록 했다.[5] 이윽고 처형 장소에 도착하면 죄수의 양팔과 양발을 십자가에 대고 못을 박은 다음 십자가를 일으켰

다. 이때 죄수를 십자가의 세로 기둥에 있는 작은 의자 혹은 나무 걸이에 앉혔다.[6]

그러나 실제 십자가형은 당시에 워낙 다양하게 시행되어서 일관된 시행 규칙을 설명하기란 불가능하다.[7] 못을 박는 대신 끈으로 손과 발을 십자가에 고정하는 방법도 있었다. 못을 박더라도 손바닥이 아니라 손목에, 발등이 아니라 발뒤꿈치에 박을 수도 있었다. 십자가의 형태도 다양했다. X자 형태, T자 형태, 그리고 T자를 아래위로 뒤집은 형태도 있었다.[8]

예수님의 십자가 사건에서 인상적인 것은 예수님이 십자가에 달리시기 전후에 두 종류의 포도주가 제공되었다는 것이다. 이것이 당시 일반적인 관행이었는지는 불분명하다.

먼저, 예수님이 십자가에 달리시기 전에 "쓸개 탄 포도주"(마 27:34)가 주어졌는데, 이것은 "몰약을 탄 포도주"(막 15:23)라고도 일컬어진다. 그러나 예수님은 마시지 않으셨다. 왜냐하면 쓸개(몰약) 탄 포도주는 고통을 감해 주는 일종의 마취 기능을 하는데, 예수님은 자신이 받는 고통을 줄이지 않고 온전히 당하기 원하셨기 때문이다.[9]

이와 달리, 예수님은 십자가 위에 계실 때 제공된 신 포도주는 받으셨다(마 27:48; 막 15:36; 눅 23:36; 요 19:29-30). 신 포도주를 군인들에 의해 제공된 자비로 해석하는 학자들도 있다.[10] 그러나 십자가에 달리신 예수님을 조롱하고 모욕하는 문맥에서 자비는 어울리지 않는다. 오히려 십자가 위에 있는 죄수의 힘을 북돋워 생명을 연장시켜서, 결과적으로 고통의 시간을 더 오래 끌려는 의도로 보아야 할 것이다.[11] 예수님은 자신에게 고통을 더하게 하려는 로마 군인들의 신 포도주는 순순히 받으셨다. 충분하고도 온전하게 십자가 고통을 당하신 것이다. 물론 결국 예수님은 이를 통해 성경을 성취하셨다(요 19:28). (이에 대한 자세한 설명은 이 책 6장에서 이어진다.)

이와 같이 십자가형은 당시 로마 사회에서 가장 고통스러운 형벌이었으며, 예수님은 그 모든 고통을 온전히 감당하셨다.

또한 십자가형은 죄인에게 최고로 수치스러운 형벌이었다. 오늘날 십자가에 달리신 예수님을 묘사하는 모든 그림에는 예수님의 허리 부분이 가려져 있다. 그러나 다수의 역사가들에 의하면, 십자가에 처형되는 죄수는 벌거벗은 나체였다. 그리고 사람들이 잘 볼 수 있는 네거리나 언덕 위에 십자가를 세우고 죄수를 매달았다.[12] 그리고 때로는 죄수가 보는 앞에서 처자식들이 처참하게 고문을 당하고 죽기도 했다.[13] 뿐만 아니라 십자가에서 처형당한 죄수의 시신은 매장이 거부당했다. 그래서 시신을 새가 쪼아 먹거나 다른 짐승이 찢어 먹었다.[14]

이런 이유로 로마 제국 시민들은 십자가형을 혐오했고 십자가를 언급하는 것조차 꺼렸다. 십자가형의 잔인함과 모욕 때문에 불길하게 여겼다. 심지어 재판정에서 십자가형을 선고할 때도 '십자가'라는 말을 하지 않고 다른 말로 에둘러 표현했다.

"arbori infelici suspendito"(그를 불길한 나무에 매달라).

- 키케로(Cicero), 《Pro Rabirio》[15]

로마 시민에게도 십자가형이 가해졌지만, 국가반역죄 등 중범죄가 아니면 되도록 이 형의 집행은 로마 시민에게 자제되었다.[16] 따라서 십자가형은 주로 노예들이나 이방인들을 위한 사형 제도였다. 나라를 어지럽히고 소요를 일으킨 노예나 이방인들, 그리고 전쟁에서 쉽게 항복하지 않는 피지배민들을 잔인하게 처벌하는 제도였다. 주전 3세기부터 '십자가'는 노예나 매춘부들의 상스러운 욕으로 사용되었다.[17] 그들은 "십자가에 매달 놈!"이라는 욕을 하면서 상대방을 저주했다.

기독교에서 십자가형

이렇게 고통스럽고 혐오스러운 십자가를 사도 바울은 자랑한다고 선언했다(갈 6:14). 십자가에 달리신 그리스도를 자랑하며, 사람이나 다른 무엇을 자랑하지 말라고 했다(고전 1:23, 29, 31, 3:21).

그러나 내게는 우리 주 예수 그리스도의 십자가 외에 결코 자랑할 것이 없으니 그리스도로 말미암아 세상이 나를 대하여 십자가에 못 박히고 내가 또한 세상을 대하여 그러하니라(갈 6:14).

이는 아무 육체도 하나님 앞에서 자랑하지 못하게 하려 하심이라 … 기록된 바 자랑하는 자는 주 안에서 자랑하라 함과 같게 하려 함이라(고전 1:29, 31).

'자랑하다'로 번역된 헬라어 '카우카오마이'는 '너무 좋아서 기뻐하고 즐거워하다'라는 의미다. 그래서 종종 한글 성경은 '즐거워하다'로 번역하기도 한다(참고. 시 149:5; 롬 5:2).

이렇게 바울이 십자가를 즐거워하고 자랑하는 이유는 무엇일까? 그것은 십자가가 구원 역사에서 차지하는 역할 때문이다. 바울은 '지혜'와 '의로움'과 '거룩함', 그리고 '구원함'이라는 용어로 십자가의 의미를 설명했다(고전 1:30). 이는 당시 세상 사람들이 자랑했던 것들과 구별된다. 헬라인들은 세상의 지혜를 자랑했고, 유대인들은 기적을 좋아했다. 심지어 당시 어떤 고린도 성도들은 은사를 자랑했으며, 일부 갈라디아 성도들은 율법을 자랑했다. 이런 배경에서 사도 바울은 오직 십자가만을 자랑한다고 고백하며, 성도들에게 십자가만을 즐거워하며 기뻐하라고 권면했다.

레온 모리스(Leon Morris)나 존 스토트는 기독교에서 십자가가 차지하는 중심적 위치에 대해 다양한 의의를 부여한다.[18] 그들은 십자가를 통한 화해, 속죄, 구원 등에 초점을 맞춘다. 특히 스토트는 기독교가 예수님의 죽음을 기념하는 성찬식을 소중히 여기는 것을 설명하면서 기독교의 십자가 중심성을 다음과 같이 설명한다.

> 예수님이 제정하시고 승인하신 유일한 정기적 기념 행위인 주의 만찬은 그분의 탄생이나 삶 혹은 그분의 말씀이나 행위를 극화한 것이 아니라, 바로 그분의 죽음을 극화했다. 예수님이 자기의 죽음에 부여하신 중심적 중요성을 이보다 더 명료하게 지시할 수 있는 것은 아무것도 없다. 예수님은 다른 무엇보다도 그분의 죽음으로 기억되기를 원하셨다. 그러므로 십자가 없는 기독교는 존재하지 않는다고 말하는 편이 안전하다. 만약 십자가가 우리 종교의 중심이 아니라면 우리의 종교는 예수님의 종교가 아니다.[19]

이와 같이 스토트는 십자가, 즉 예수님의 죽음이 기독교에서 차지하는 위치를 아주 분명하고 명확하게 제시한다. 그렇다. 스토트가 말한 대로 십자가는 기독교의 중심이며, 십자가 없는 기독교는 기독교가 아니다.

이 책은 예수 그리스도의 십자가의 의의를 가상칠언에서 찾아보려는 시도다. 바울 서신이나 공동 서신에서 사도들이 십자가의 구속사적 의의를 잘 밝혀 주었지만, 사복음서에서는 십자가의 의미가 어떻게 나타나는지를 조사해 보고자 한다.

예수님은 십자가 위에서 친히 일곱 마디의 말씀을 남기시면서 십자가의 구원 역사적 의의를 보여 주셨다. 따라서 그 말씀들을 자세히 살펴보면 십자가의 정확하고 깊은 의미를 좀 더 잘 깨달을 수 있다. 기독교의 중심을 만날 수 있다.

토론과 나눔을 위한 질문

본문으로 들어가기에 앞서 지금까지의 내용을 바탕으로 다음 질문들에 대한 답을 서로 나눠 보자.

1 고린도 교회의 문제점은 무엇이고, 이에 대해 바울이 제시한 해결책은 무엇이었는가?

2 주후 1세기 유대인이나 로마인이 오늘날 교회 종탑의 십자가나 우리가 걸고 다니는 십자가 목걸이를 본다면 어떤 반응을 보일까? 왜 그렇게 반응할까?

3 주후 1세기 당시 사람들의 자랑은 무엇이었는가? 유대인과 헬라인, 그리고 일부 고린도 성도들과 갈라디아 성도들은 각각 무엇을 자랑했는가?

4 존 스토트에 의하면, 기독교의 성찬식이 갖는 의의는 무엇인가?

5 십자가 새롭게 읽기, 가상칠언 공부를 시작하면서 내가 기대하는 바는 무엇인지 다른 사람들과 나눠 보자.

1장

임마누엘을
위한
십자가

제구시쯤에 예수께서 크게 소리 질러 이르시되
엘리 엘리 라마 사박다니 하시니
이는 곧 나의 하나님, 나의 하나님,
어찌하여 나를 버리셨나이까 하는 뜻이라

마 27:46

늦은 나이에 회심하고 세례를 받은 이어령 박사에게 사람들은 그 나이에 뭐가 답답해서 세례를 받았냐고 물었다. 그는 이렇게 답했다.

명예 달라면서 글을 썼더니 명예가 생기더라. 돈 벌려고 애쓰니까 되더라. 또 병 때문에 병원에 다니니까 나아지더라. 그런데 어느 날 너무도 외로워서 극장에 가서 영화를 봐도, 내가 좋아하는 글을 봐도 마음은 채워지지 않고, '이 세상에 나 혼자구나'라고 느껴졌다. 절대고독을 느낄 때, … 어디로 가야 할까?[1]

이어령 박사가 말하는 '고독'은 누구도 피해 갈 수 없는 인간의 실재적 고통이다. 절대고독을 느낄 때 우리는 어디로 가야 할까?

가상칠언의 첫 번째 말씀은 우리를 홀로 내버려 두지 않으시는 하나님에 관한 이야기다. 물론 '나는 외로움을 잘 견디니 굳이 십자가가 없어도 잘 살 수 있다'고 오해하지 말아야 한다. 왜냐하면 그 외로움, 고독의 끝은 하나님과의 영원한 단절이요, 멸망이기 때문이다. 십자가는 그러한 단절과 멸망으로부터 우리를 건지시는 하나님의 함께하심이다.

> 제구시쯤에 예수께서 크게 소리 질러 이르시되 **엘리 엘리 라마 사박다니** 하시니 이는 곧 나의 하나님, 나의 하나님, 어찌하여 나를 버리셨나이까 하는 뜻이라(마 27:46).

예수님의 가상칠언, 즉 7개의 십자가 말씀 중에 마태복음과 마가복음에는 하나의 말씀만 공통으로 나온다(마 27:46; 막 15:34). "엘리 엘리 라마 사박다니"*라는 말씀이다. 십자가 위에서 예수님은 하나님께 버림받은 고통을 호소하셨다. 예수님은 왜 이런 호소를 하셨을까?

흔히 이 호소를 예수님이 아버지 하나님과 분리되는 고통에 관한 것이라 한다.[2] 틀린 말은 아니지만, 여기에는 좀 더 깊은 의미가 담겨 있다. 우리는 마태복음 27장 46절을 위주로 예수

---

* 개역개정 성경은 "엘리 엘리 라마 사박다니"라고 동일하게 번역했지만, 사실 헬라어 원문은 약간 차이가 있다. "엘리 엘리 레마 사박따니"(마 27:46)와 "엘로이 엘로이 레마 사박따니"(막 15:34)로 구별된다. 마태복음은 히브리어와 아람어를 섞어 표현한 반면에, 마가복음에는 아람어만 나온다. 하지만 의미는 같다.

님의 호소의 의미를 살펴보고자 한다. 특히 다음의 3가지 해석 원리를 따를 것이다. 시편 22편의 배경, 마태복음 문맥, 그리고 초대 교회의 신앙 고백 등이다. 이 원리를 따라 본문을 해석하면, 마태복음의 십자가는 임마누엘을 위해 예수님이 버림받으신 사건이라는 사실을 알 수 있다. '임마누엘'이란 이후 자세히 설명하겠지만, "하나님이 우리와 함께 계시다"(마 1:23)라는 뜻이다.

많은 사람이 "임마누엘"이라는 주제를 주로 예수님의 탄생에만 국한시킨다. 그러나 마태복음에 조금 더 관심을 기울이면 "임마누엘"이라는 주제가 마태복음의 시작에만 있는 것이 아니라(마 1:23), 끝 부분에도 나온다는 것을 알 수 있다(마 28:20).

하지만 이것도 충분하지 않다. 사실 "임마누엘"이라는 주제는 마태복음 전체를 아우르는 주제이며, 예수님의 십자가도 임마누엘의 관점에서 해석될 수 있다. 즉 십자가는 하나님이 우리와 함께하시기 위해 예수님이 버림받으신 사건이다.

이제 앞서 밝힌 해석 원리를 따라 임마누엘을 위한 십자가의 의미를 하나씩 살펴보자.

시편 22편의 배경

개역개정 성경도 친절하게 주석 설명을 한 바와 같이, 마태복음 27장 46절의 "엘리 엘리 라마 사박다니"라는 말씀은 시편 22편 1절에서 왔다. 예수님이 십자가 위에서 큰 소리로 외치신 말씀은 사실 다윗의 시편 노래인 것이다. 예수님은 이렇게 고통스러운 순간에 왜 이 노래를 인용하신 것일까? 구약의 여러 말씀 중에서도 시편을, 그리고 150편이나 되는 시편 말씀 중에서도 왜 22편을 인용하셨을까?

여기에는 예수님의 의도가 담겨 있다. 시편 22편은 버림받은 자의 고통을 노래하는 탄식시다.[3] 시인은 하나님께 외면당하고, 사람들에게 조롱받으며, 적에게 공격당했다(시 22:1-21). 철저하게 버림받은 외로운 존재로서 자신의 상황을 탄식했다. 예수님은 바로 이 시편을 인용하셔서 버림받은 자신의 고통을 아주 분명하게 드러내고자 하신 것이다.

그런데 마태복음 27장에서는 비단 46절만 아니라 35, 39, 43, 50절이 시편 22편과 관계가 있다.[4] 이러한 밀접한 관계는 예수님이 버림받은 분이시라는 점을 더욱 강조한다.

내용	마태복음 27장	시편 22편
옷을 제비 뽑아 나눔	마 27:35	시 22:18
지나가는 자들의 모욕	마 27:39	시 22:7

"하나님이 그를 구원하실 걸?"	마 27:43	시 22:8
"나의 하나님"	마 27:46	시 22:1
마지막 크게 소리 지르심	마 27:50	시 22:2, 5, 24

특히 마태복음 27장 50절에는 또다시 예수님이 큰 소리를 지르시고, 마침내 운명하시는 장면이 나온다.

> 예수께서 다시 크게 소리 지르시고 영혼이 떠나시니라(마 27:50).

이 큰 소리가 무엇인가에 대해서 논란이 있다. 누가복음 23장 46절에 따르면, 예수님은 큰 소리로 "아버지 내 영혼을 아버지 손에 부탁하나이다"라고 말씀하시면서 운명하셨다. * 따라서 마태복음 27장 50절의 큰 소리는 누가복음 23장 46절과 같다고 보는 사람이 있다. [5] 다른 사람들은 요한복음에 나오는 "다 이루었다"(요 19:30)라는 말씀이 마태복음 27장 50절에서 암시되었다고 보기도 한다. [6]

그런데 시편 22편에는 탄식하며 부르짖는다는 말이 3회나 언급되어 부르짖는 모습이 강조된다. 따라서 마태복음

---

* 시편 22편 2절과 마태복음 27장 50절과 누가복음 23장 46절의 헬라어가 정확하게 일치하는 것은 아니다. 시편 22편 2절은 "부르짖다"이다. 마태복음 27장 50절은 직역하면 "큰 소리로 부르짖다"이고, 누가복음 23장 46절은 직역하면 "큰 소리로 부르다"이다.

십자가 묘사에 강하게 드리워진 시편 22편의 배경은 마태복음 27장 50절의 큰 소리를 마태복음 27장 46절의 큰 소리와 연결시키도록 한다.[7] 그리고 50절의 "다시"라는 말씀도 이를 뒷받침해 준다. 50절에 나오는 큰 소리가 46절의 큰 소리와 밀접한 관계가 있는 것처럼 묘사한다. 이런 이유로 50절에 나오는 큰 소리를 고통의 부르짖음으로 이해할 수도 있다.

설사 부르짖음의 내용이 누가복음이나 요한복음의 말씀이었다 하더라도, 마태복음은 왜 그 내용을 생략했을까? 읽는 사람들이 좀 더 예수님의 고통의 탄식에 집중하도록 하기 위해서일 수 있다. 예수님은 버림받은 분이시라는 점을 강조하기 위해서 생략한 것이다. 왜 이렇게 버림받으신 것을 강조할까? 그분의 버림받으심으로 우리가 버림받지 않게 되었다는 것을 나타내기 위해서다. 예수님의 버림받으심은 역설적으로 우리가 그만큼 버림받지 않게 되었음을 돋보이게 한다.

하나님은 아들을 버리면서까지 우리를 구원하신 분이다. 따라서 어떤 경우에라도 하나님은 우리를 버리지 않으신다. 이것을 다른 말로 '임마누엘'이라 할 수 있다. 하나님의 함께하심이다. 따라서 버림받으신 예수님의 부르짖음은 그만큼 우리를 버리지 않고 함께하겠다는 하나님의 외침이다.

마태복음 문맥

다음으로 살펴볼 것은 마태복음 문맥 안에서 십자가와 임마누엘의 밀접한 관계다. 마태복음 전체에서 "임마누엘"이라는 주제가 어떻게 발전되는지를 살펴보자. 그리고 임마누엘이 십자가와 어떤 관련을 맺고 있는지를 알면 마태복음의 십자가 의미가 더 풍성하고 깊게 다가올 것이다.

마태복음과 임마누엘

'임마누엘'이라는 말은 우리에게 익숙하지만, 사실 단어 자체는 성경에 자주 나오지 않는다. 이사야서를 인용하는 방식으로 신약에서는 마태복음 1장 23절에 유일하게 나온다.

> 보라 처녀가 잉태하여 아들을 낳을 것이요 그의 이름은 임마누엘이라 하리라 하셨으니 이를 번역한즉 하나님이 우리와 함께 계시다 함이라(마 1:23).

마태복음은 예수님의 성육신의 의미를 임마누엘, 즉 하나님의 함께하심으로 설명한다. 이사야 선지자가 예언한 말씀이 예수 그리스도 안에서 성취된다는 것을 보여 준다. 아하스왕 때에 아람과 북이스라엘 연합군이 남유다를 공격했다.

하나님은 이사야 선지자를 보내 아하스에게 그들을 두려워할 필요가 없다고 하시며 구원을 약속하셨다. 이러한 약속을 위해 한 징조를 보여 주시는데, 그것이 곧 임마누엘이었다(사 7:14). 임마누엘이라는 아이가 장성하기 전에 남유다에게는 복을, 대적들에게는 멸망을 줄 것이라고 하셨다.

약속대로 하나님은 남유다를 구원해 주셨다. 그러나 임마누엘 약속은 부분적으로만 성취되었다. 하나님의 은혜에도 불구하고 유다는 하나님의 법을 어겼고 우상을 숭배했다. 결국 유다도 하나님의 심판을 받아 바벨론에게 멸망당했다.

이제 하나님은 예수 그리스도를 통해 그분의 백성에게 영원히 함께하시는 복을 주신다. 다시 말하면, 임마누엘 약속을 온전히 성취하신다. 하나님은 예수님을 통해 그분의 백성을 결코 떠나지 않으시며 영원한 안식으로 인도하신다. 예수님은 이러한 임마누엘 사역을 위해 세상에 오신 것이다.

예수님은 우리를 사랑하시기 때문에 기꺼이 세상에 오셨다. 하지만 이 세상은 거룩하신 예수님이 사시기에 그렇게 좋은 곳은 아니었다. 더럽고 추악한 죄가 가득 찬 이 세상은 예수님께 어울리는 곳이 아니었다. 그럼에도 예수님은 임마누엘을 실현하기 위해 세상에 오셨다.

그런데 "임마누엘"이라는 주제는 비단 예수님의 성육신에만 나오지 않는다. 마태복음의 끝 부분에도 임마누엘이 나온

다. 다시 말하면, 마태복음은 수미상관 구조를 통해 "임마누엘"이라는 주제를 강조한다.[8]

> 예수께서 나아와 말씀하여 이르시되 하늘과 땅의 모든 권세를 내게 주셨으니 그러므로 너희는 가서 모든 민족을 제자로 삼아 아버지와 아들과 성령의 이름으로 세례를 베풀고 내가 너희에게 분부한 모든 것을 가르쳐 지키게 하라 볼지어다 내가 세상 끝 날까지 너희와 항상 함께 있으리라 하시니라(마 28:18-20).

마태복음은 예수님이 세상이 끝날 때까지 그분의 제자들과 함께하시겠다는 약속으로 마친다. 예수님이 그분의 성령으로 그분의 교회와 영원히 함께하시겠다는 약속이다. 따라서 예수님은 그분의 백성과 함께하기 위해 오셨고, 그분의 백성과 영원히 함께하기 위해 떠나셨다. 마태복음은 처음부터 끝까지 예수님의 임마누엘 사역에 초점을 맞춘다.

여기서 주목해 보아야 할 점은 예수님의 임마누엘 약속이 제자 삼으라는 지상 명령과 함께 주어진다는 사실이다. 임마누엘의 은혜는 모든 그리스도인과 교회에 의해 경험될 수 있지만, 예수님은 특별히 그분의 복음이 전파되고 말씀이 지켜지는 교회에 함께하겠다는 약속을 주셨다.

따라서 예수님의 임마누엘 약속은 그분의 제자들로 하여

금 담대하게 복음을 전하게 하고 사람들을 제자로 훈련하게 한다. 즉 임마누엘 약속은 그리스도의 교회의 생생한 사역 현장에서 실현되는 약속이다. 예수님은 우리가 복음을 전할 때 함께하시며, 말씀을 가르칠 때 함께하신다. 한 사람이 예수님을 영접하고 신실한 제자로 양육되는 곳에 함께하신다.

뿐만 아니라 마태복음 18장 20절, "두세 사람이 내 이름으로 모인 곳에는 나도 그들 중에 있느니라"라는 말씀도 "임마누엘" 주제와 연관이 있다. 마태복음 18장 15-20절은 교회 공동체에서 형제가 죄를 범했을 때 어떻게 다루어야 하는지에 대한 교훈이다. 그런데 여기서 교회 공동체의 규모가 아무리 작더라도, 예수님은 하나님의 뜻을 구하는 공동체의 기도에 자신이 함께할 것이라고 약속하셨다.

죄를 범한 형제가 개인적인 권면도 듣지 않고, 두세 사람의 권면도 듣지 않고, 교회의 권면도 듣지 않을 경우, 교회는 그 사람을 징계할 수 있다. 이때 교회는 하나님의 뜻을 구하며 합심하여 기도해야 한다. 그러한 합심 기도를 통한 교회의 결정에 예수님이 함께하신다. 결국 교회의 거룩을 위해 두세 사람이 모여 기도할 때 임마누엘 예수님이 함께하시겠다는 약속이다.

이와 같이 "임마누엘"이라는 주제는 마태복음의 중심 뼈대를 이루는 핵심 주제다. 예수님의 십자가도 이러한 임마누엘의 관점에서 해석할 수 있다. 다시 말하면, 십자가에서 버림받으신 예수님의 목적은 임마누엘이라 할 수 있다. 그분을 믿는 자들에게 하나님이 함께하시는 구원을 주시기 위해 자신이 그들을 대신하여 버림받으신 것이다.

'하나님'이라는 호칭

십자가 위의 예수님이 "나의 하나님"이라고 부르짖으신 표현도 "임마누엘" 주제와 관련이 있다. 예수님이 아버지 하나님을 부르실 때 '하나님'이라고 하신 것은 굉장히 낯선 표현이다.* 예수님은 항상 하나님을 '아버지'라 부르셨다(마 11:25, 26:39, 42). 그리고 제자들에게도 하나님을 '아버지'라 부르라고 하셨다(마 6:9; 참고. 마 5:16, 45, 6:1, 26).

> 그때에 예수께서 대답하여 이르시되 천지의 주재이신 **아버지**여 이것을 지혜롭고 슬기 있는 자들에게는 숨기시고 어린아이들에게는 나타내심을 감사하나이다(마 11:25).

---

* 물론 '나의 하나님'에서 '나의'라는 표현은 버림받은 절망적인 순간에도 하나님 아버지와의 관계를 놓지 않으시는 아들 예수님의 믿음을 보여 준다. France, *The Gospel of Matthew*, p. 1077. 뿐만 아니라 시편 22편의 후반부는 하나님을 향한 감사와 찬송이 주 내용을 이룬다(시 22:22-31). 버림받은 고통으로 절망하던 시인은 하나님의 회복에 대한 믿음을 잃지 않고 감사의 찬송으로 승화시킨다. 예수님이 시편 22편 1절을 인용하셨지만, 또한 그분의 부르짖음에는 시편 22편의 나머지 부분도 함축되어 있다고 볼 수 있다. 다만 여기서는 버림받은 고통만 집중해서 다루겠다. 예수님의 믿음에 관한 설명은 누가복음 23장 46절을 다루는 부분(이 책 4장)에서 다시 언급될 것이다.

그러므로 너희는 이렇게 기도하라 하늘에 계신 우리 **아버지여** 이름이 거룩히 여김을 받으시오며(마 6:9).

이와 달리, 바리새인과 서기관들에게는 '아버지'라 말씀하신 경우는 없고, '하나님'이라 하셨다.

[서기관과 바리새인들에게] **하나님**이 이르셨으되 네 부모를 공경하라 하시고 또 아버지나 어머니를 비방하는 자는 반드시 죽임을 당하리라 하셨거늘(마 15:4).

따라서 예수님이 아버지를 '하나님'이라 부르신 것은 매우 드물고 낯선 표현이다. '하나님'이라는 호칭에는 버림받으신 예수님의 고통이 담겨 있다. 사람들의 죄를 지고 심판당하시는 아들의 고통이 나타난다. 다시 한 번 말하지만, 마태복음은 이렇게 예수님이 버림받으신 것을 강조한다. 예수님의 버림받으심으로 우리가 버림받지 않게 되었기 때문이다. 예수님은 임마누엘을 위해 버림받으신 것이다.

예수님께 십자가는 한편으로는 피하고 싶은 잔이었다(마 26:39). 그러나 다른 한편, 십자가는 예수님의 자발적 순종이었다. 예수님은 우리와 함께하기를 원하시는 아버지 하나님의 뜻에 기꺼이 순종하셨다(마 26:39, 42). 자신의 죄 때문이 아니었다. 우리의 죄 때문에 우리를 대신해 십자가에서 심판당하시고 버림받으셨다. 본인이 버림받음으로 우리가 버림받지 않도록 하셨다.

이와 같이 예수님의 탄생도 임마누엘 때문이고, 예수님의 십자가도 임마누엘 때문이다. 우리가 하나님께 버림받지 않고 하나님과 함께하게 하시기 위해 예수님은 탄생하시고 죽으셨다. 이것이 마태복음의 십자가의 의미다.

초대 교회의 신앙 고백

예수님의 탄생과 죽음과 승천에 나오는 "임마누엘"이라는 주제는 초대 교회의 신앙 고백 속에 녹아 있다. 사도들과 성도들은 버리지 않으시는 임마누엘 하나님을 의지하며 믿음을 지켰다. '버리다'를 뜻하는 헬라어 '엥카타레이포'가 하나님의 버리지 않으심을 나타내기 위해 사용된 대표적인 신약 성경의 구절은 히브리서 13장 5절과 고린도후서 4장 9절이다.

히브리서의 신앙 고백

히브리서는 우리에게 물질에 대한 욕심과 염려가 있을 때 우리를 버리지 않으시는 하나님을 생각하라고 한다. 아들을 버리시면서까지 우리를 버리지 않고 함께하시는 하나님을 기억하라고 한다.

> 돈을 사랑하지 말고 있는 바를 족한 줄로 알라 그가 친히 말씀하시기를 내가 결코 너희를 **버리지 아니하고** 너희를 떠나지 아니하리라 하셨느니라(히 13:5).

이 구절은 신명기 31장 6절과 여호수아 1장 5절을 인용한 것이다. 하나님이 가나안 땅 정복을 앞둔, 요단강 동편에 있는 이스라엘 백성에게 주신 약속이다. 가나안 땅에 들어가 안식할 때까지 하나님은 이스라엘을 떠나지 아니하며 버리지 않겠다고 하셨다.

안식은 일찍이 하나님이 아브라함과 이삭과 야곱에게 약속하신 땅을 차지하는 것이었다(수 1:13, 15, 21:44, 22:4). 그 땅에서 외적의 침입으로부터 안전하게 지내고, 그 땅에서 나는 풍성한 소산을 누리는 것이다. 하나님은 모세와 여호수아와 이스라엘 백성에게 안식에 이를 때까지 친히 함께하겠다고 약속하셨고, 마침내 그 약속을 성취하셨다. 그러나 이러한 성취는 부분적이며 제한적이었다. 이스라엘은 하나님께 불순종하여 그 안식을 누리다가 잃어버렸다.

이러한 하나님의 안식의 약속은 신약에서 예수 그리스도

안에서 온전히 성취된다. 히브리서는 이러한 안식의 개념으로 예수 그리스도 안에서 성취된 하나님의 구속 역사를 조망한다(히 3:1-4:13).* 그래서 믿음으로 하나님의 안식에 들어가기를 힘쓰라고 권면한다.

이때 안식에 들어가기를 힘쓰는 성도들을 방해하는 큰 장애물 중에 하나가 돈이다. 돈에 대한 욕심이 성도를 유혹하고, 돈에 대한 염려가 성도를 힘들게 한다. 가히 돈은 사람들의 숭배의 대상이 될 정도로 엄청난 파괴력을 지녔다. 예수님은 재물과 하나님을 함께 섬길 수 없다고 말씀하셨다(마 6:24). 바울은 돈을 사랑함이 일만 악의 뿌리가 된다고 했다(딤전 6:10). 세상의 염려와 재물의 유혹은 천국 말씀이 열매 맺지 못하게 한다(마 13:22; 막 4:19). 따라서 돈을 사랑하는 것은 성도가 안식에 들어가는 데 큰 장애물이다.

그러나 히브리서 저자는 무조건 절제만을 말하지 않는다. 돈에 대한 탐욕을 절제하는 것과 함께 다른 쪽을 동시에 강조한다. 돈을 사랑하지 않을 수 있게 하는 원동력을 제시한다. 바로 하나님이 성도를 버리지 않으신다는 사실이다. 하나님

---

* 사실 "안식"은 또한 마태복음의 중요 주제이기도 하다. 임마누엘을 위해 세상에 오신 예수님은 사람들을 안식으로 초대하신다. "수고하고 무거운 짐 진 자들아 다 내게로 오라 내가 너희를 쉬게 하리라"(마 11:28). 마태복음에서 '쉬다'라고 번역된 헬라어 '아나파우오'는 천상에서 누릴 영원한 안식을 표현할 때도 사용된다(계 14:13).

이 그분의 자녀를 떠나지 않으시고 함께하신다는 사실이다. 성도는 그것에 대한 믿음으로 욕심을 절제할 수 있다.

하나님의 함께하심은 비단 돈을 사랑하는 성도의 삶과만 연결되는 것은 아니다. 히브리서 13장 문맥에 따르면, 나를 버리지 않으시는 임마누엘 하나님에 대한 굳건한 믿음은 우리로 사람을 두려워하지 않고 오직 하나님만 의지하여 살게 한다(히 13:5). 하나님의 함께하심에 대한 믿음이 기초가 되어 우리는 형제를 사랑하며, 손님을 대접하고, 갇힌 자들을 도울 수 있다(히 13:1-3).

신약 성경 중에서 히브리서만큼 예배를 강조하는 성경이 있을까. 히브리서는 구약의 제사가 예수 그리스도 안에서 어떻게 성취되고 완성되었는지를 보여 준다. 그리고 완성된 신약의 제사는 성도의 삶과 긴밀하게 연결되어 있다는 것을 13장에서 보여 준다. 예수 그리스도 안에서 하나님을 예배하는 것은 형제를 사랑하고, 손님을 대접하며, 갇힌 자를 돕는 삶으로 이어져야 한다. 결혼을 귀히 여기고 성적으로 거룩한 삶을 살아야 한다. 그리고 재정적으로도 거룩한 삶을 살아야 하는데, 그것은 돈을 사랑하지 않고 돈에 대한 탐욕을 절제하는 것이다. 그런데 이러한 성도의 삶은 그분의 백성을 떠나지 않으시는 임마누엘 하나님 때문에 가능하다.

사도 바울의 신앙 고백

사도 바울도 버리지 않으시는 임마누엘 하나님에 대한 신앙을 고백했다. 수많은 위협과 고난 속에서 자칫 자신의 삶과 사역을 포기할 만도 한데 바울은 그렇게 하지 않았다. 왜냐하면 그리스도 예수 안에서 그를 버리지 않으시는 하나님 때문이었다.

> 우리가 이 보배를 질그릇에 가졌으니 이는 심히 큰 능력은 하나님께 있고 우리에게 있지 아니함을 알게 하려 함이라 우리가 사방으로 욱여쌈을 당하여도 싸이지 아니하며 답답한 일을 당하여도 낙심하지 아니하며 박해를 받아도 **버린 바 되지 아니하며** 거꾸러뜨림을 당하여도 망하지 아니하고(고후 4:7-9).

고린도후서가 기록될 당시 고린도 교회는 사도 바울을 비방하는 거짓 교사들이 침투하여 혼란에 빠졌다.[9] 거짓 교사들은 바울이 하나님의 사역자라면 어떻게 그런 고생을 할 수 있느냐고 험담했다. 바울이 전하는 그리스도가 참이라면 왜 그에게 안 좋은 일이 생기냐며 비난했다. 그래서 그들은 바울과 바울의 복음을 신뢰할 수 없다고 모함했다.

이에 바울은 편지를 시작하자마자 자신의 고난이 무엇 때문인지를 설명했다. 자신이 고난 중에 받는 위로로써 수많은 고난 중에 있는 사람들을 위로하기 위해서 자신이 고난을 받는다고 했다(고후 1:6). 또한 고난을 통해 자기를 의지하지 않고 하나님을 의지하는 법을 배웠다고 했다(고후 1:9).

그리고 이제 4장에서 사도 바울은 또 다른 신앙 고백을 했다. 여러 시련과 어려움을 많이 당하지만, 예수 그리스도 안에서 자신을 버리지 않으시는 하나님 때문에(고후 4:9) 넉넉하게 이긴다고 고백했다. 욱여쌈(짓눌림과 괴롭힘), 답답한 일, 박해와 거꾸러뜨림을 당할지라도 하나님이 자신을 버리지 않으셨다고 했다. 하나님이 그리스도를 통해서 능력을 주시기 때문에 자신은 어떤 역경에도 불구하고 여기까지 올 수 있었다고 고백했다.

실로 바울의 일생에는 이렇게 버리지 않으시는, 함께하시는 하나님에 대한 경험이 분명했다. 특히 바울이 고난당할 때 하나님이 그에게 임하시고 말씀하시고 격려하셨다. 이것이 고난당하는 바울에게는 힘이고 능력이었다.

사도행전 23장에는 선교를 마치고 예루살렘에 돌아온 바울이 오해를 받는 장면이 나온다. 바울이 율법을 무시한다고 오해한 유대인들이 그를 죽이려 했다. 바울은 이 일을 수습하러 온 로마 군대 천부장에 의해 겨우 목숨을 구하고, 그의 동족들 앞에서 변명할 기회를 얻었다. 그러나 바울의 변명은 통하지 않고, 그는 천부장에 의해 구금당했다. 이때 주님이 감옥에 있는 바울에게 나타나셨다. 그리고 바울 곁에 서서 다음과 같이 응원하셨다.

> 담대하라 네가 예루살렘에서 나의 일을 증언한 것같이 로마에서도 증언하여야 하리라(행 23:11).

이러한 주님의 임재와 응원은 바울이 로마로 압송되어 가는 배에서도 일어났다. 로마로 가는 배 안에서 바울과 일행은 갖은 고생을 했다. 풍랑이 심해서 배의 짐과 기구들을 다 포기하고 바다에 던졌다. 여러 날 동안 해도, 별도 보지 못하고 여러 사람이 오래 먹지 못했다. 그런데 그때 하나님의 사자가 나타나 바울 곁에 서서 말했다.

> 바울아 두려워하지 말라 네가 가이사 앞에 서야 하겠고 또 하나님께서 너와 함께 항해하는 자를 다 네게 주셨다(행 27:24).

바울의 생애 마지막 서신으로 알려진 디모데후서에도 함께하시는 하나님에 대한 바울의 고백이 나온다(딤후 4:9-18). 바울이 두 번째 로마 감옥에 갇히자 이런저런 이유로 그의 곁에 있던 사람들이 하나둘씩 그를 떠났다. 데마는 세상을 사랑해서, 그리고 그레스게와 디도는 사역을 위해 바울을 떠났다. 오직 누가만 그의 곁에 있었다. 그런데 바울은 모든 사람이 자신을 버렸지만, 그럼에도 주님이 자기 곁에 계시기 때문에 담대하게 복음을 전한다고 고백했다.

> 내가 처음 변명할 때에 나와 함께한 자가 하나도 없고 다 나를 버렸으나 그들에게 허물을 돌리지 않기를 원하노라 주께서 내 곁에 서서 나에게 힘을 주심은 나로 말미암아 선포된 말씀이 온전히 전파되어 모든 이방인이 듣게 하려 하심이니 내가 사자의 입에서 건짐을 받았느니라(딤후 4:16-17).

이와 같이 우리에게 신앙을 물려준 신앙의 선배들은 버리지 않으시는 하나님을 의지해 모진 세월을 견뎠다. 배신이 난무하고 모함과 조롱이 우글거리는 세상에서 나를 버리지 않으시는 하나님이 유일한 희망이었다. 바로 그 함께하시는 하나님 때문에 온갖 시험과 어려움을 극복할 수 있었고, 그 하나님을 위해 살았다. 하나님이 예수 그리스도 안에서 그들과 함께하신 것이다. 버림받으신 십자가 예수님 안에서 성부와 성자와 성령, 삼위 하나님이 그들을 지키신 것이다.

결론

'임마누엘'이라는 단어 자체는 마태복음에 한 번밖에 등장하지 않는다. 하지만 "임마누엘"이라는 주제, 즉 하나님(예수님)의 함께하심은 여기저기에 등장한다. 특히 예수님의 탄생과 죽음과 승천이 "임마누엘"이라는 주제와 깊이 연관되어 있다. 따라서 십자가는 하나님의 함께하심을 실현하기 위해 예수님이 버림받으신 사건이라 할 수 있다. 우리를 버리지 않으시기 위해 하나님이 아들을 버리신 사건이다. 그러므로 십자가를 믿고 의지하는 자는 예수님의 버림받으심 때문에 언제 어디서든 임마누엘을 경험하며 누릴 수 있다.

묵상과 적용

"외로움"이라는 주제는 대중가요의 단골 메뉴이기도 하고, 드라마나 영화에서 흔히 볼 수 있는 주제이기도 하다. 그만큼 외로움은 인간에게 보편적 정서다. 시인 정호승은 "수선화에게"라는 시에서 사람은 외로운 존재이고, 사는 것은 곧 외로움을 견디는 일이라 한다. 그래서 외로워서 우는 이에게 외로움을 너무 힘들어하거나 낯설게 여기지 말라고 한다. 오히려 외로움을 담담히 받아들이라고 한다.

그러나 그리스도인은 다른 시를 읊을 수 있다. 십자가를 통해 임마누엘 하나님을 만난 인간은 다른 노래를 부를 수 있다. 그 시와 노래는 하나님의 함께하심에 관한 것이다. 다윗은 사망의 음침한 골짜기에서도 걱정이 없이 편안하다는 시를 읊는다. 왜냐하면 하나님이 막대기와 지팡이로 돌보시며, 함께 하시기 때문이다(시 23:4).

복음성가 "오 신실하신 주"에서 최용덕 간사의 고백도 마찬가지다. 하나님이 한 번도 자신을 실망시키지 않으시고 지키셨다고 고백한다. 따라서 이후에도 그분이 결코 자신을 떠나지 않으시고, 버리지 않으실 것이라 노래한다. "아 하나님의 은혜로"(새찬송가 310장)의 작사가 다니엘 휘틀(D. W. Whittle)의 고백도 별반 다르지 않다. 함께하시는 하나님이 내 모든 형편을 아시고 지켜 주실 것을 확신한다고 찬송한다. 이것이 세상 사람들은 부를 수 없는, 그리스도인만이 부를 수 있는 시와 노래와 찬송이다.

하지만 안타깝게도 그리스도인임에도 불구하고 하나님이 자신을 버리실까 봐 불안해하는 사람들이 있다. 혹시 주인에게 버림받은 강아지 이야기를 들어 본 적이 있는가? 유기견 전문가에 의하면, 강아지들이 주인에게 버림받는 가장 흔한 이유가 배변과 소음 때문이라고 한다.[10] 처음에는 사람들은 자신이 외롭고, 또 강아지가 귀여워서 반려견으로 데려온다. 그런데 훈련을 시켜도 강아지가 변을 제대로 가리지 못하면 짜증이 나고 귀찮아진다. 그래서 강아지를 버린다. 또한 함부로 짖는 강아지는 집 안을 시끄럽게 하고 이웃의 눈치를 보게 한다. 그래서 몇 차례 인내심을 가지고 조용히 하도록 훈련하다가 도저히 안 되면 갖다 버린다. 유기견 보호소에 가 보면 그런 이유로 버림받은 강아지들이 많다.

많은 그리스도인이 신앙을 갖고 있지만 불안해한다. 세상 사람들과 두려움의 종류와 크기가 별반 다르지 않다. 은연중에 하나님을 강아지 주인처럼 생각하는 것 같다. 주인이 함부로 강아지를 버리듯이, 하나님이 쉽게 그분의 백성을 버리시는 것으로 오해한다. 그렇지 않다. 예수 그리스도 안에서 우리를 구원하신 하나님은 짜증난다고 강아지를 버리는 주인과 같지 않으시다. 그분은 독생자를 버리면서까지 우리를 자기 소유로 삼으신 하나님 아버지이시다. 그러므로 하나님은 결코 그분의 자녀인 우리를 버리지 않으신다.

십자가에서 버림받으신 예수님의 부르짖음이 크면 클수록, 버리지 않겠다는 하나님의 약속이 우리에게 더 크게 들린다. 버림받으신 예수님의 부르짖음, 그것은 우리를 결단코 버리지 않겠다는 하나님의 외침이다. 하나님이 함께하시는 임마누엘이 십자가의 이유이고, 십자가의 목표다.

| 토론과 나눔을 위한 질문 |

1 시편 22편은 어떤 면에서 마태복음 27장의 중요한 배경이 되는가? 이를 통해 마태복음을 읽는 독자들은 무엇을 깨닫게 될까?

2 예수님은 십자가에서 왜 아버지 하나님을 '나의 하나님'으로 부르셨을까?

3 마태복음에서 "임마누엘"이라는 주제는 어떻게 전개되는가?

4 사도들은 "임마누엘"이라는 주제를 자신의 삶과 사역에서 어떻게 적용하고 발전시켰는가?

5 임마누엘을 기억하며 하나님 나라와 교회를 위해 충성스럽게 살아갔던 신앙의 선배들을 떠올려 보자. 그들과 나의 차이점은 무엇이고, 나는 어떻게 하면 될까?

°2장

희년을
위한
십자가

이에 예수께서 이르시되
아버지 저들을 사하여 주옵소서
자기들이 하는 것을
알지 못함이니이다 하시더라
그들이 그의 옷을 나눠 제비 뽑을새

눅 23:34

°   《행복하려면 먼저 자유로워져라》(매일경제신
문사, 2017)라는 한 철학자의 책이 있다.[1] 대학에서 행복론을
가르치는 저자는 우리가 끝없는 욕망으로부터 자유로워져야
행복할 수 있다고 한다. 또한 다수가 원하는 삶으로부터 자유
로워져야 행복할 수 있다고 한다. 책에서 저자는 개인을 소
중히 여기고, 개인의 가치를 회복하는 데서 행복을 찾으려 한
다. 물질적 욕망과 대중의 유행에 물든 현대인들에게 시사하
는 바가 적지 않은 메시지다.

   그러나 성경은 죄로부터 자유로워져야 나도 행복하고, 다
른 사람도 행복할 수 있다고 한다. 누가복음은 이것을 '죄 용
서'와 '희년'이라고 한다. 내가 죄로부터 자유롭게 되고, 그래
서 그 자유의 힘으로 너와 내가 행복한 세상이 곧 희년이다.
가상칠언의 두 번째 말씀은 이러한 죄 용서와 희년이 십자가
에서 출발한다는 것을 보여 준다.

이에 예수께서 이르시되 **아버지 저들을 사하여 주옵소서 자기들이 하는 것을 알지 못함이니이다** 하시더라 그들이 그의 옷을 나눠 제비 뽑을새(눅 23:34).

예수님은 십자가 위에서 '저들'을 용서하여 달라고 하나님 아버지께 기도하셨다. '저들'은 일차적으로 예수님을 십자가에 못 박은 로마 군인들을 가리킬 것이다. 그러나 또한 그렇게 못 박도록 모함을 한 유대인들도 해당될 것이다.[2] 따라서 유대인과 이방인을 포괄하는 죄인들을 암시한다. 예수님은 마지막 죽는 순간에도 사람들의 죄 용서를 위해 기도하셨다. 용서는 예수님의 삶의 목표였고 핵심 사역이었다. 그리하여 그분의 사역의 절정인 십자가에서 죄 용서를 위해 기도하셨다. 이런 의미에서 예수님의 십자가는 용서의 십자가다.

그러나 누가복음에서 십자가는 단지 죄 용서에만 그치지 않는다. 죄 용서가 십자가의 핵심이고 기독교 신앙의 기초이지만, 누가복음이 제시하는 십자가의 의미는 죄 용서를 넘어선다. 죄 용서의 십자가에서 희년의 십자가까지 나아간다. 누가복음의 십자가는 희년의 복음을 위한 십자가다.

이러한 십자가의 의미를 이해하기 위해서는 다음의 3가지 원리를 따라 누가복음 23장 34절을 해석해야 한다. 용서의 의미, 누가복음의 중심 주제, 구약 배경 등이다. 다시 말하면, '용서'라는 헬라어 단어가 누가복음의 중심 주제인 "희년"의 의미와 절묘하게 연결된다. 따라서 구약에 나오는 이스라엘의 회년 제도를 이해하는 것이 필요하다. 그러면 죄 용서의 십자가는 결국 희년의 십자가라는 사실을 알게 될 것이다.

용서의 의미

개역개정 성경이 '사하다'라고 번역한 단어의 우리말은 '용서할 사'(赦) 자를 사용하기 때문에 '용서하다'라는 말이다. 그런데 '사하다'로 번역된 헬라어 '아피에미'는 원래 기본적으로 '자유롭게 하다', '해방시키다', '보내다'라는 의미다.[3] 예를 들어, 죽은 나사로가 살아나서 자기 몸을 둘러싸고 있던 베로부터 자유롭게 되는 장면에 이 단어가 사용된다.

> 이 말씀을 하시고 큰 소리로 나사로야 나오라 부르시니 죽은 자가 수족을 베로 동인 채로 나오는데 그 얼굴은 수건에 싸였더라 예수께서 이르시되 풀어 놓아 **다니게 하라** 하시니라(요 11:43-44).

'다니게 하라'의 헬라어 원문을 직역하면 '자유롭게 다니게 하라'다. '자유롭게 하다'(아피에미)와 '다니다'(휘파고)가 합쳐진 말이다. 이러한 의미를 지닌 '아피에미'가 '용서하다'를 위해서 사용된다. 따라서 용서란 어떤 사람의 죄를 그로부터 떼어내어 보내는 것이다. 문자적으로는 죄를 그 사람으로부터 자유롭게 하여 보내는 것이지만, 결국 그 사람을 죄로부터 자유롭게 하는 것이다. 그래서 그를 죄에 대한 책임이나 형벌로부터 자유롭게 한다. 죄에는 책임이 따르고, 책임에는 그에 맞는 형벌이 따른다. 그런데 용서받는 것은 그 모든 죄와 책임과 형벌로부터 자유롭게 되는 것이다.

그 사람의 그런 자유는 예수님의 십자가에 기초한다. 예수님이 십자가에서 그 사람의 죄와 책임과 형벌을 담당하셨기 때문이다. 이것이 용서받는 것이다. 자신의 죄를 고백하고 회개하는 사람은 십자가 때문에 용서받는다. 그래서 십자가에서 예수님은 죄 용서와 관련해 두 방향으로 말씀하셨다. 하나님 아버지를 향하여는 자신이 책임질 테니 저들의 죄를 용서해 달라고 기도하셨다. 그리고 죄를 고백하며 회개하는 사람들을 향하여는 "내가 너희 죄를 책임지겠다"라고 선언하셨다.

누가복음의 중심 주제

마태복음이나 마가복음에 따르면, 예수님은 공생애 사역을 시작하시면서 가장 먼저 천국(하나님 나라) 이야기를 하셨다(마 4:17; 막 1:15). 그런데 누가복음에서는 이와 달리 '희년'을 선포하셨다. 예수님은 나사렛 회당에 들어가셔서 이사야 61장 1-2절을 말씀하셨다.

> 주의 성령이 내게 임하셨으니 이는 가난한 자에게 복음을 전하게 하시려고 내게 기름을 부으시고 나를 보내사 포로 된 자에게 자유를, 눈먼 자에게 다시 보게 함을 전파하며 눌린 자를 자유롭게 하고 **주의 은혜의 해**를 전파하게 하려 하심이라 하였더라(눅 4:18-19).

여기에 나오는 '주의 은혜의 해'가 희년이다.* 마태복음이

---

* 여기서 '은혜'로 번역된 헬라어 '덱토스'는 기쁘게 받아들이며 후하게 대접하는 것을 뜻한다. 따라서 '주의 은혜의 해'란 가난한 자, 포로 된 자, 눈먼 자, 눌린 자를 주님이 환영하며 받아 주신다는 말이다. 그러므로 '주의 은혜의 해'는 '주의 환대의 해'라고 할 수 있다. 이와 같이, 희년을 환대의 관점에서 해석하여 누가복음을 환대의 복음으로 이해할 수도 있다. 다만, 이 책에서는 효과적인 논지 전개를 위해서 '자유'에만 초점을 맞추고자 한다.

** 헬라어 구약 성경을 70인경이라 한다. 주전 250년경 헬라 제국은 제국 내에 있는 모든 문화와 사상을 집대성하기 위해 유대인의 경전을 헬라어로 번역하려 했다. 유대인들은 자기들의 전통과 정체성을 유지하면서도 제국 내 헬라 문화와 공존하기 위해 이에 동조했다. 각 지파에서 6인씩 선발하여 72명을 알렉산드리아로 보내 히브리어 구약 성경을 헬라어로 번역하게 했다. 워렌 카터, 《신약 세계를 형성한 7가지 사건》(서울: 좋은씨앗, 2017), pp. 63-104. 다른 한편, 70인경의 기원에 대해 다른 주장도 있다. 팔레스타인 밖의 디아스포라 유대인들은 히브리어에 익숙지 않아서 예배와 신앙 교육에 어려움이 있었다. 그래서 헬라어에 친숙한 그들을 위해 헬라어 구약 성경 번역이 이루어졌다. Stanley E. Porter, "Septuagint," in *Dictionary of New Testament Background*(Downers Grove: InterVarsity Press, 2000),

나 마가복음의 천국(하나님 나라) 개념처럼, 누가복음에서는 "희년"이 중심 주제다.

헬라어 구약 성경인 70인경은 '희년'을 '아페시스'라고 번역한다.** 이것은 앞서 '자유롭게 하다', '해방시키다'를 뜻한다고 했던 '아피에미'의 명사형이다. 즉 '아페시스'는 '자유', '해방'이라는 뜻이다. 그러므로 희년은 자유의 해, 해방의 해다.

누가복음에 따르면, 예수님은 희년을 실현해 우리에게 자유를 주기 위해 오셨다. 나사렛 회당에서 이사야의 예언을 읽으신 후 "이 글이 오늘 너희 귀에 응하였느니라"(눅 4:21)라고 말씀하셨다. 예수님 안에서 희년이 성취된다는 의미인데, 그 중심에 십자가가 있다. 십자가에서 죄와 책임과 형벌로부터 우리가 자유롭게 된다. 이것이 죄 용서이고 자유다. 여기서부터 희년이 시작된다. (좀 더 자세한 설명이 이후 이어질 것이다.)

또한 누가복음에 나오는 예수님의 이사야서 인용 말씀은 특별히 "자유"라는 주제를 더 강조한다. 흔히 누가복음 4장 18-19절이 이사야 61장 1-2절을 인용한 것이라고 알고 있지만, 사실 더 정확히 말하면 이사야 61장 1-2절에 58장 6절이 합쳐진 내용이다.

---

pp. 1100-1. 아무튼 70인경은 기독교에서 중요한 위치를 차지하는데, 신약 성경이 구약을 인용할 때 70인경을 많이 참조하고 심지어 직접 인용도 하기 때문이다. 다시 말하면, 헬라어 구약 성경이 헬라어 신약 성경과 긴밀하게 연결되어 있기 때문이다.

내가 기뻐하는 금식은 흉악의 결박을 풀어 주며 멍에의 줄을
끌러 주며 압제당하는 자를 자유하게 하며 모든 멍에를 꺾는
것이 아니겠느냐(사 58:6).

여기서 "압제당하는 자를 자유하게 하며"라는 말씀이 누가
복음 4장 18절에 삽입되어 "눌린 자를 자유롭게 하고"로 번역
되었다. 그래서 이사야 61장 1절에는 '자유'라는 단어가 한 번
만 나오지만, 누가복음 4장 18절에는 '자유'가 두 번 나오게
되었다. 누가복음에 나오는 예수님의 희년 복음은 특별히 "자
유"라는 주제에 초점이 맞춰져 있다는 것을 알 수 있다.

한편, 예수님이 성취하신 희년의 의미를 좀 더 잘 이해하기
위해서는 희년의 구약 배경을 연구할 필요가 있다. 구약에 나
오는 희년의 의의를 알면 누가복음에 나오는 "희년"이라는 주
제를 좀 더 정확하고 깊게 이해할 수 있다.

구약 배경

레위기 25장에는 이스라엘의 희년 제도에 대한 자세한 설명
이 나온다. 이스라엘은 7년마다 안식년을 지키고, 50년마다
희년을 지키도록 명령받는다. 안식년에는 땅을 쉬도록 한다

(레 25:1-7). 안식년을 통해 이스라엘은 땅의 주인이 하나님이 심을 고백하고, 자신들의 노동이 아니라 하나님을 신뢰하는 법을 배운다.[4] 안식년에 얻은 소출을 가난한 사람들과 나누면서 희년의 정신을 일정 부분 실천한다.

희년은 안식년의 안식년이다. 이스라엘은 50년째 되는 해 7월 10일에 뿔 나팔을 불며 희년을 시작한다. 그해를 거룩하게 하고, 모든 백성을 위해 자유를 공포한다. 모든 백성은 자신의 소유지로 돌아가고, 자기 가족에게로 돌아간다.

> 일곱째 달 열흘날은 속죄일이니 너는 뿔 나팔 소리를 내되 전국에서 뿔 나팔을 크게 불지며 너희는 오십 년째 해를 거룩하게 하여 그 땅에 있는 모든 주민을 위하여 자유를 공포하라 이 해는 너희에게 희년이니 너희는 각각 자기의 소유지로 돌아가며 각각 자기의 가족에게로 돌아갈지며(레 25:9-10).

이스라엘이 50년마다 지켜야 했던 희년은 3가지 특별한 행사와 관련이 깊다. 대속죄일(The Day of Atonement), 땅을 돌려주는 것, 그리고 종을 풀어 주는 것이다(레 25:8-55). 그러면 이 3가지 행사 속에 희년이 어떤 특별한 의미가 있는지 살펴보자.

희년과 대속죄일

히브리어로 '희년'을 '요벨'이라 하는데, 원래는 양의 뿔로 만든 나팔을 가리키는 말이다. 희년이 대속죄일에 뿔 나팔을 불면서 시작되기 때문에, 이러한 상징적인 의미를 살려 '요벨'이라 한 것 같다.[5]

따라서 희년과 관련해 우리가 먼저 주목해야 할 것은 대속죄일이다(참고. 레 16장). 대속죄일은 죄 용서와 관련해 1년 중 이스라엘 민족에게 가장 큰 절기다. 이스라엘 전체의 속죄를 위한 날이다. 대제사장은 오직 이날에만 지성소에 들어갈 수 있었다. 두 염소를 취하여 한 염소로는 그 피를 지성소에 뿌려 성막을 깨끗하게 했다. 다른 염소는 안수하여 광야로 보내 이스라엘의 모든 죄를 담당하여 죽게 했다. 이러한 대제사장의 사역을 통해 성막은 깨끗해지고, 이스라엘은 자신들의 죄를 용서받았다. 이스라엘은 자신들이 지은 죄로부터 자유롭게 되고, 성막에는 하나님의 충만한 임재가 회복되었다.

바로 이러한 죄 용서의 날, 자유의 날에 희년이 시작되었다. 이것은 무엇을 의미할까? 희년은 죄 용서의 은혜로부터 시작된다는 뜻이다. 희년은 죄의 책임과 형벌로부터 자유롭게 해 주시는 하나님의 은혜에 기초한다. 그래서 희년은 이러한 자유를 기뻐하고, 이 자유를 주신 하나님의 은혜에 감사하면서 실현된다. 감사의 마음으로 온갖 어려움에 처해 있는 그들의 형제들을 자유롭게 하는 것이다. 그래서 그들의 형제들도 은혜를 누리고 기뻐할 수 있게 해 준다. 이런 의미로 희년은 '죄 용서의 해'(요벨), '자유의 해'(아페시스)이고, '기쁨의 해'(희년)이다.

희년과 땅

원래 이스라엘은 약속의 땅에 들어가서 자기의 땅을 분배받았다. 그러나 여러 해가 지나 분배받은 땅을 잃게 되는 경우가 발생했다. 왜냐하면 서로의 수확량에 차이가 났기 때문이다. 농사 실력의 차이일 수도 있고, 성실의 정도가 다를 수도 있었다. 이런 이유로 수확량이 부족한 사람들은 점차 가난하게 되어, 급기야 자신들의 땅을 팔아 부족한 양식을 구해야 했다. 심지어 자신의 가옥을 팔아야 할 만큼 가난한 자들도 있었다.

희년은 이렇게 가난한 자들에 의해 팔렸던 땅과 집이 원래의 주인에게 돌아가는 해였다(레 25:23-34). 물론 희년 전에 친족들이 대신 값을 지불하고 땅과 집을 되찾아 줄 수도 있었다. 또한 원래 주인의 경제력이 회복되면 희년이 되기 전이라도 자신의 땅과 집을 되찾을 수 있었다. 그러나 만약 희년이 될 때까지 사정이 여의치 않으면 희년에 이르러서 자신의 원래 땅과 집을 받을 수 있었다.

만일 네 형제가 가난하여 그의 기업 중에서 얼마를 팔았으면 그에게 가까운 기업 무를 자가 와서 그의 형제가 판 것을 무를 것이요 만일 그것을 무를 사람이 없고 자기가 부유하게 되어 무를 힘이 있으면 그 판 해를 계수하여 그 남은 값을 산 자에게 주고 자기의 소유지로 돌릴 것이니라 그러나 자기가 무를 힘이 없으면 그 판 것이 희년에 이르기까지 산 자의 손에 있다가 희년에 이르러 돌아올지니 그것이 곧 그의 기업으로 돌아갈 것이니라(레 25:25-28).

따라서 희년은 땅이 다른 주인에게 묶였다가 자유롭게 되어 원래 주인에게 돌아가는 해였다. 가난한 자들은 땅과 집이 없어 물질적으로 속박되어 있었는데, 그러한 속박으로부터 자유롭게 되었다. 비단 이것은 가난한 자들만을 위한 것은 아니다. 부자들도 자칫 땅을 많이 가지며 물질에 속박될 수 있었다. 따라서 희년은 가난한 자뿐만 아니라 부자도 물질적 속박에서 자유롭게 했다. 어떤 사람도 가난 때문에 더 이상 고통받지 않도록 했다. 어떤 사람도 부유함 때문에 하나님보다 물질을 더 숭배하지 못하도록 했다. 따라서 희년은 가난한 자에게든, 부자에게든 자유의 해였다. 물론 무게 중심은 다분히 가난한 자들을 위한 자유에 있었다.

희년과 종

희년에는 또한 종이 자유롭게 되어 원래의 신분으로 돌아 갔다(레 25:39-55). 앞서 언급한 바와 같이, 이런저런 이유로 가 난하게 된 사람들이 더 가난하게 되어 자신들이 가진 모든 땅 을 다 팔아 빈손이 되기도 했다. 그러면 마지막으로 그들은 다른 사람의 종이 되어야 했다. 종이 되어서라도 굶주림을 면 해야 했다.

이러한 형편에서 이스라엘은 동족이 가난하게 되어 종으 로 팔려올지라도 그를 종으로 부리는 것이 아니라, 품꾼이나 동거인과 같이 대우해야 했다. 희년이 되기 전이라도, 종으로 팔린 사람의 친인척들이 값을 주고 그를 속량할 수 있었다. 만일 도와줄 사람이 없으면 희년까지 기다렸다가 그는 자유 롭게 되었다.

> 너와 함께 있는 네 형제가 가난하게 되어 네게 몸이 팔리거든 너는 그를 종으로 부리지 말고 품꾼이나 동거인과 같이 함께 있게 하여 희년까지 너를 섬기게 하라 그때에는 그와 그의 자 녀가 함께 네게서 떠나 그의 가족과 그의 조상의 기업으로 돌 아가게 하라(레 25:39-41).

그래서 희년에는 주인에게 속박당했던 종들이 자유롭게

되었다. 신분 차별의 속박이 사라지고, 종들은 자유인이라는 존귀한 신분을 회복했다. 주인은 종이 존귀한 하나님의 형상으로 회복되도록 그를 자유롭게 해야 했다. 자신의 형제로 인정하며 대우해야 했다. 그리하여 이스라엘은 서로를 사랑하고 섬기는 하나님 나라 공동체를 세워 가야 했다.

이스라엘의 실패와 메시아의 오심

그런데 이러한 희년 제도는 이스라엘 역사에서 제대로 지켜지지 않았다.[6] 심지어 안식년조차도 잘 준수되지 않았다. 그래서 가진 자의 착취 때문에 가난한 자들의 고통이 이만저만이 아니었다. 메시아를 통해 희년이 회복될 것이라는 이사야의 예언(사 61:1-2)은 바로 이런 배경에서 나왔다.

고관들은 도둑과 짝하고 뇌물을 좋아했다(사 1:23). 장로들과 고관들은 가난한 자들에게서 물건을 탈취하고 그들을 짓밟고 압제했다(사 3:13-15). 과부들의 재산을 노략질하고 고아들을 약탈했다(사 10:2). 그래서 가진 자들이 성전에 무수한 제물을 가지고 와서 제사를 드렸지만 하나님은 그것을 헛된 제물이라 하셨다(사 1:11, 13). 그들이 내 마당만 밟을 뿐이라고 비판하시면서 그들의 제사를 거부하셨다(사 1:12).

그러나 다른 한편, 하나님은 이사야 선지자를 통해 희년의 회복을 약속하셨다(사 61:1-2). 메시아가 오셔서 이루실 하나님 나라의 모습이 희년이라는 개념으로 소개된다. 그때에 마음이 상한 자가 고침을 받고, 포로 된 자가 자유롭게 되며, 갇힌 자가 놓임을 얻게 될 것이다. 슬픈 자들은 위로를 받을 것이고, 슬픔과 근심이 사라지고 기뻐하며 찬송할 것이다(사 61:3).

누가복음에 나오는 예수님의 희년 성취

예수님은 나사렛 회당에서 이사야 61장 1-2절에 나오는 희년 예언을 읽으신 다음에, "이 글이 오늘 너희 귀에 응하였느니라"(눅 4:21)라고 말씀하셨다. 앞서 언급한 바와 같이, 마태복음과 마가복음에는 천국(하나님 나라)의 도래를 선언하시는 예수님의 모습이 나오는데, 누가복음에는 희년을 선언하시는 예수님의 모습이 강조된다. 누가복음에 따르면, 예수님은 희년을 성취하시며 이 세상에 하나님 나라를 건설하신다. 다시 말하면, 하나님 나라는 희년의 성취와 함께 도래한다.

그렇다면 예수님 안에서 희년이 어떻게 성취될까? 앞서 희년의 핵심 정신이 '자유'라고 했다. 바로 그 자유가 예수님 안에서 실현된다. 레위기 25장에 나오는 희년과 죄 용서, 희년과 땅, 희년과 신분이라는 3가지 주제가 누가복음에서 자유라는 정신에 의해 설명된다. 예수님은 자유로 희년의 하나님 나라를 세우신다. 예수님 안에서 죄의 속박으로부터의 자유, 신분의 속박으로부터의 자유, 물질의 속박으로부터의 자유가 일어난다.

죄의 속박으로부터의 자유

먼저, 예수님 안에서 죄 용서가 일어났다. 예수님은 십자가에서 마지막 숨을 거두실 때까지 사람들의 죄 용서에 심혈을 기울이셨다. 그들을 죄로부터 자유롭게 하시는 것이 그분의 목표였다.

누가복음에서 예수님의 복음은 죄 용서의 복음이다. 이것은 자신이 지은 죄로부터 자유롭게 되는 것이다. 어떤 책임이나 형벌도 그에게 가해지지 않는다. 왜냐하면 예수님이 모든 책임을 안고 십자가에서 그 형벌을 담당하셨기 때문이다. 따라서 죄를 지은 사람은 자신의 죄를 회개하고 예수님을 믿으면 된다. 이런 이유로 누가복음에서는 회개와 죄 용서가 복음 전파의 중요한 내용이 된다.

> 또 그의 이름으로 죄 사함을 받게 하는 회개가 예루살렘에서 시작하여 모든 족속에게 전파될 것이 기록되었으니(눅 24:47).

부활하신 예수님은 제자들을 만나 자신의 죽음과 부활, 그리고 죄 용서를 위한 회개가 모든 민족에게 전파되리라는 것이 구약에 이미 예언되었다고 하셨다(눅 24:46-47; 사 42:6, 49:6). 예수님은 이 일을 성취하기 위해 오신 분이다(눅 24:44). 따라서 예수님의 제자들은 그분 안에서 성취된 이 복음을 전파해야 하는데, 그 중요한 내용 중 하나는 회개를 통한 죄 용서다. 이것은 죄 용서의 복음이며, 자유의 복음이다.

오순절에 성령이 강림하시고, 베드로가 설교하여 3,000명이 하나님께 돌아오는 유명한 일화를 우리 모두 잘 알고 있다(행 2:1-42). 이때도 회개와 죄 용서가 그들의 구원을 위한 핵심 요소로 나온다. 베드로의 설교를 듣고 마음에 찔린 사람들이 "우리가 어찌할꼬"(행 2:37) 하며 물었다. 그러자 베드로는 그들에게 "너희가 회개하여 각각 예수 그리스도의 이름으로 세례를 받고 죄 사함을 받으라"(행 2:38)라고 말했다. 이것이 교회의 시작이다. 회개와 죄 용서를 통해 구원을 받은 사람들, 자신이 지은 죄로부터 자유롭게 된 사람들이 교회를 이룬다. 교회는 자유인들의 공동체다. 여기서부터 기독교 희년(Christian Jubilee)이 시작된다.

신분의 속박으로부터의 자유

죄 용서의 은혜가 임하고, 죄의 속박으로부터 자유롭게 된 사람은 먼저 자기 자신이 신분의 속박에서 자유롭게 된다. 그리스도 안에서 하나님의 형상을 회복하고 존귀한 신분이 된다. 또한 죄 용서의 은혜를 받은 사람은 다른 사람과 관계 맺는 방식이 달라진다. 자신이 하나님의 존귀한 형상이듯이 다른 사람도 하나님의 존귀한 형상으로 대한다.

누가복음에는 사회적 약자들에 대한 존중이 강조된다. 당시 사회에서 천대받던 여자, 사마리아인, 어린아이, 세리, 죄인 등이 예수님에 의해 받아들여졌다. 예수님은 그들의 믿음을 칭찬하시고, 그들을 높이셨다. 그래서 그들은 예수님 안에서 모든 차별로부터 자유롭게 되었다. 예수님의 이러한 자유주심은 그분이 성취하실 희년의 나라의 전형을 보여 준다. 예수님을 따라 우리는 서로를 존귀하게 여기고, 서로를 무시하거나 차별하지 말아야 한다. 그래서 하나님 나라에서는 모든 사람이 신분 차별의 속박에서 자유롭게 된다.

누가복음에서 존귀함을 회복하는 예는 어렵지 않게 발견할 수 있다. 탕자의 비유가 대표적인 예다(눅 15:11-23). 둘째 아들은 아버지를 떠나 방탕하게 생활하다가 비천한 신분에 처했다. 그러나 그가 회개하고 아버지께 돌아오자 존귀한 신분이 회복되었다. 아버지는 그를 환대하며, 제일 좋은 옷을 입히고, 손에 가락지를 끼우며, 발에 신발을 신겼다. 죄에서 돌이켜 아버지께 돌아오는 자를 향한 사랑과 자비가 존귀한 신분의 회복으로 이어졌다.

또한 당시에 무시받던 사마리아인이 예수님께 칭찬을 받았다(눅 17:11-19). 10명의 나병 환자들이 예수님께 와서 불쌍히 여겨 달라고 간청했다. 그들은 예수님의 말씀을 따라 제사장들에게 가다가 자신들이 마침내 나았다는 사실을 깨달았다. 그러나 오직 사마리아인만이 하나님께 영광을 돌리며 예수님께 돌아와 감사드렸다. 예수님은 그를 칭찬하시며 구원을 선포하셨다(눅 17:11-19).

예수님은 바리새인의 외식적인 신앙생활보다 세리의 진심 어린 회개를 주목하셨다(눅 18:9-14). 어린아이가 오는 것을 금하지 말라고 하시며, 하나님 나라를 어린아이와 같이 받아들이라고 교훈하셨다(눅 18:15-17). 또한 부자들의 많은 헌금보다 가난한 과부의 두 렙돈에 더 주목하셨다(눅 21:1-4).

희년의 나라는 이와 같이 당시에 비난받거나 소외당하는 사람들이 예수님에 의해 존귀하게 여김을 받는 나라다. 그러므로 예수님의 제자들도 그 나라에서 어린아이들을 무시하지 말고, 과부를 존중하며, 이방인을 함부로 대하지 말아야 한다. 차별이 없는 존중이 희년의 하나님 나라의 핵심 가치다.

물질의 속박으로부터의 자유

예수님 안에서 죄 용서의 은혜를 받은 사람들은 물질을 사용하는 법이 다르다. 다른 사람과 물질을 나눔으로 자신과 상대방이 물질의 속박으로부터 자유롭게 된다.

물질 나눔은 누가복음과 사도행전이 가리키는 대표적인 제자도다. 누가복음과 사도행전에서는 그 어떤 성경보다도 물질을 다른 사람과 나누는 것이 강조된다. 예수님을 만나 구원을 얻은 삭개오는 가장 먼저 자신의 물질에 대한 태도를 바꾸었다. 가난한 자들을 위해 자신의 소유의 절반을 나누며, 남을 속여 빼앗은 것이 있다면 4배나 갚겠다고 했다(눅 19:8). 구원받은 사람의 특징은 자신의 소유를 가난한 사람들과 나누는 것이다. 그러나 부자는 자신의 집 앞에서 거지가 죽든 말든 호화롭게 즐기는 데만 몰두한다(눅 16:19-21).

사도행전에는 초대 교회의 주요한 요소로 '교제'가 나온다.* 교제는 물질을 다른 사람과 나누는 것이다. 사도행전 2장 42절에 따르면, 교제(나눔)는 사도의 가르침을 배우고, 떡을 떼고, 기도하는 것과 함께 예루살렘 교회의 핵심 요소였다. 그리고 이어지는 단락에서 예루살렘 교회가 교제(나눔)를 어떻게 실천했는지가 설명된다(행 2:43-47). 그들은 자기의 소유를 팔아 서로의 필요를 채워 주었다. 이러한 교제(나눔)를 통해 교회는 희년의 하나님 나라 공동체를 세웠다.

---

* 사도행전 2장 42절에 '교제'로 번역된 헬라어 '코이노니아'는 기본적으로 좋은 것을 타자와 나눈다는 뜻이다. 영적 유익을 나눌 수도 있고(요일 1:3-4), 물질적 유익을 나눌 수도 있다(히 13:16). 사도행전 2장에서는 문맥에 비춰 봤을 때 성도의 다양한 교제를 포괄하면서도, 물질적 나눔에 그 초점이 있다.

이러한 물질 나눔으로 자유가 실현되었다. 가난한 자들과 물질을 나눠서 그들이 물질의 고통에서 벗어나게 했다. 또한 부자도 물질을 나눔으로 물질의 탐욕에서 자유롭게 되었다. 따라서 물질 나눔은 가난한 자와 부자 모두를 물질의 속박에서 자유롭게 한다.

그러나 신약 교회는 이것을 제도로 만들지 않았다. 구약의 희년 제도가 율법의 한 부분으로 규정된 성문법이었다면, 신약의 희년은 성령의 인도하심에 의한 자발적 나눔으로 이루어졌다. 자발적으로 나눔에 참여하며 공동체적 희년을 실현했다.

결론

희년은 누가복음에서 '하나님 나라'의 다른 말이다. 하나님 나라는 예수 그리스도 안에서 성령으로 말미암아 희년이 실현되는 나라다. 예수님이 십자가에서 기도하신 죄 용서는 우리로 하여금 희년의 세계로 들어가게 하는 관문이다. 죄의 책임과 처벌로부터 자유롭게 되는 것이 희년의 시작이다.

이러한 죄 용서의 은혜에 감사하며 희년의 사람들은 다른 사람을 존귀하게 여긴다. 서로 배려하고 존중하는 공동체를 이룬다. 또한 죄 용서의 은혜에 감사하며 자신의 물질을 다른 사람과 나눈다. 약한 자들을 돕고 섬긴다. 그래서 희년의 하나님 나라는 죄로부터 자유롭게 되고, 신분의 차별과 물질의 속박으로부터 자유롭게 되는 나라다.

묵상과 적용

한국 교회 초창기에 전라북도 김제에 위치한 금산교회에서 일어난 일은 누가복음에 나오는 희년의 하나님 나라를 보여 주는 대표적인 예다.[7]

경상남도 진주 출신으로서 금산에 흘러들어 온 청년 이자익은 지주 조덕삼에 의해 머슴으로 고용되었다. 당시 조덕삼은 선교사의 전도를 받아 신앙생활을 했으며, 교회당 건립을 위해 자신의 땅을 교회에 헌납했다. 이윽고 자신의 머슴이던 이자익을 전도해 금산교회에 출석하게 했다.

어느 날 금산교회는 '영수'라고 하는 평신도 지도자를 뽑는 공동의회를 개최했다. 그런데 모두의 예상을 뒤엎고 머슴 이자익이 영수로 당선되었다. 나이도 많고, 지주라는 사회적 위치도 있고, 또한 교회당 처소를 헌납한 조덕삼이 떨어진 것이다. 반면에 나이도 어리고, 머슴이고, 현지인도 아니고 외부에서 흘러들어 온 이자익이 당선된 것이다. 놀란 교인들이 공동의회에서 웅성거리고 있을 때 조덕삼이 발언권을 얻어 앞에 나가서 다음과 같이 발언했다.

"우리 금산교회 성도들은 오늘 참으로 대단한 일을 하셨습니다. 우리 집에 머슴으로 일하는 이자익은 신앙이 훌륭하여 능히 영수로서 역할을 잘할 수 있을 것입니다."

조덕삼은 자신보다 나이도 어리고, 또 자신의 머슴인 이자익을 영수로 받아들이며 변함없이 충성스럽게 교회생활을 했다. 그리고 얼마 후 조덕삼도 영수로 뽑혔는데, 이제는 젊은 이자익을 신학교로 보내 금전적인 지원을 아끼지 않았다. 나중에 금산교회 장로가 된 조덕삼은 이자익을 금산교회 담임목사로 청빙했다. 예전에 자기 집 머슴이었던 이자익을 담임목사로 모시고 교회에 충성했다.

이것이 누가복음이 말하는 희년의 모습이다. 머슴이라고 무시하지 않고 존귀하게 여기는 것이다. 어리다고 차별하지 않고 존중하는 것이다. 나이와 신분, 재산 정도나 출신에 따라 차별하지 않고, 서로를 하나님의 형상으로 받아들이는 것이다. 그리하여 편견의 속박, 차별의 속박에서 자유롭게 되는 것이다. 스스로 높다고 생각하는 자도 자유롭게 되며, 낮다고 차별받는 자도 자유롭게 된다. 이것이 예수 그리스도를 통해 이루어지는 희년의 하나님 나라다.

1 '죄 용서'의 헬라어 단어의 의미는 무엇인가? 이것이 나에게 어떤 의미를 부여하는가?

2 희년은 언제 시작되고, 왜 그때 시작되었는가?

3 죄 용서로부터 시작되는 희년의 특징은 무엇인가?

4 누가복음에는 희년의 특징이 어떻게 나타나는가?

5 내가 속한 교회나 공동체가 희년의 모습을 회복하기 위해 힘써야 할 부분은 무엇인가?

3장

구원을
위한
십자가

예수께서 이르시되
내가 진실로 네게 이르노니
오늘 네가 나와 함께 낙원에 있으리라 하시니라

눅 23:43

° 어니스트 헤밍웨이(Ernest Hemingway)의 단편
소설《세계의 수도》에 이런 이야기가 있다.[1] 스페인 마드리드
에 사는 한 아버지가 집 나간 아들을 찾기 위해 신문에 다음
과 같은 광고를 실었다.

파코, 화요일 정오에 몬타나호텔로 나를 찾아오너라. 모든 것
을 용서한다. _아버지가

이 광고를 보고 무려 800명이나 되는 파코가 호텔에 몰려
들었다고 한다. ('파코'는 '프란치스코'의 줄임말로 스페인에서 가장 흔
한 이름이다.) 물론 이 에피소드가 헤밍웨이가 말하고자 하는
주요 내용은 아니다. 그는 단지 마드리드에 내려오는 한 이야
기를 소개할 뿐이다. 그럼에도 아버지에게 용서받고 싶은 아
들이 이렇게 많다는 것을 알 수 있다.

누가복음의 십자가 장면에서도 용서받고 싶은 한 사람이

소개된다. 자신의 죄를 뉘우치고 예수님께 구원을 요청하는
한편 행악자다. 그런데 누가복음은 용서받고 싶은 행악자보
다 용서하고 싶어 하시는 예수님께 초점을 맞춘다. 십자가
는 우리를 용서하여 구원하고자 하시는 예수님의 열심이다.

> 예수께서 이르시되 **내가 진실로 네게 이르노니 오늘 네가 나와
> 함께 낙원에 있으리라** 하시니라(눅 23:43).

누가복음 23장 39-43절에는 한 행악자가 십자가 위에서 구
원받는, 굉장히 극적인 장면이 나온다. 다른 복음서에서는 '강
도'라고 하는데, 누가복음은 '행악자'라고 한다.* 예수님의 좌
우편에 매달린 두 행악자는 예수님에 대해 각기 상반된 태도
를 취했다. 한 사람은 예수님을 비방했다. "네가 그리스도이
면 우리를 구원해 보라"고 비아냥거렸다. 다른 사람은 비아냥
거리는 동료 죄수를 꾸짖으며, 자신의 죄를 고백하고 예수님
께 구원을 요청했다. 예수님은 그에게 "오늘 네가 나와 함께
낙원에 있으리라"라고 약속하셨다.

---

* 누가복음의 '행악자'(카쿠르고스)와 달리, 마태복음과 마가복음은 예수님 양옆에 달린 죄수를 '강도'(레스테스)
라 한다(마 27:38; 막 15:27). 이들은 단순한 강도가 아니었을 것이다. 아마도 사회에 큰 소요를 일으킨
정치·사회적 죄수였을 것이다. 물론 '강도'(레스테스)라는 말은 단순 강도를 지칭할 때도 사용된다(눅 10:30;
요 10:1).

비록 '구원'이라는 말이 한 번밖에 등장하지 않지만(눅 23:39), 단락 전체를 아우르는 핵심 주제는 "구원"이다. 이 단락은 회심한 행악자가 예수님께 구원을 받는 장면이다. 따라서 이 단락에서는 십자가가 구원과 연결된다고 할 수 있다. 십자가는 우리를 구원하시는 예수님의 죽음을 의미한다. 다만, 구원을 좀 더 깊이 이해하기 위해서 다음의 3가지 주제에 따라 본문을 살펴볼 것이다. 누가복음 전체에 나타난 구원, 문맥에 나타난 구원, 단락 안에 나타난 구원 등이다.

누가복음 전체에 나타난 구원

"구원"은 누가복음 전체의 대주제다.[2] '구원', '구원하다', '구원자'라는 말을 누가복음만큼 많이 언급하는 복음서는 없다. '구원'이라는 단어는 사복음서에 5회 나오는데, 4회가 누가복음에 나온다(눅 1:69, 71, 77, 19:9; 요 4:22). '구원하다'라는 말은 누가복음에 17회, 사도행전에 13회 나온다. 이 역시 다른 복음서보다 월등히 높은 빈도수다. '구원자'라는 말도 사복음서에서 요한복음에 1회(요 4:42), 누가복음에 2회 나온다(눅 1:47, 2:11). 이와 같이 "구원"이라는 주제는 누가복음의 핵심이다.

이러한 빈도수 외에, 다른 복음서와의 평행 구절에서 '구원'

이라는 단어의 용례가 더 두드러진다. 예를 들어, 씨 뿌리는 자의 비유는 다른 복음서에도 나오지만, 누가복음만이 이 비유에서 '구원'이라는 말을 사용한다(눅 8:12).

이러한 누가복음의 특징은 사도행전에도 그대로 이어진다. 사도들은 오직 예수 그리스도의 이름만이 구원을 가져온다고 선포했다(행 4:12). 예수님이 사람들에게는 버린 바 되었지만 하나님이 살리셔서 모든 사람의 주가 되게 하셨다고 말했다(행 2:36). 누구든지 주의 이름을 부르면 구원을 얻는다(행 2:21). 또한 빌립보 감옥에서 간수와 바울이 나눈 대화의 중심 주제 역시 "구원"이었다. 구원에 대한 간수의 질문에 바울은 주 예수를 믿어 구원받는 길을 제시했다(행 16:30-31). 따라서 "구원"은 누가복음의 주제이면서, 동시에 사도행전의 주제이기도 하다.

물론 누가복음과 사도행전에서 구원의 의미는 한 사람이 죄를 용서받고 하나님 나라에 들어가는 영적 차원에만 국한되지 않는다. 육체의 생명이 사는 것(눅 6:9, 23:35, 37, 39), 귀신이 떠나거나 몸이 치유되는 것(눅 8:36, 50), 위급한 상황을 벗어나는 것(행 27:20, 31)도 구원이라고 한다. 그러나 다수의 용례는 영적인 구원을 가리킨다. 즉 한 개인이 예수님을 믿어 죄 용서를 받아 하나님 나라에 들어가는 것을 의미한다.[3]

"구원"이 누가복음의 핵심 주제이기 때문에 다수의 성경학자들은 누가복음의 요절이 19장 10절, "인자가 온 것은 잃어버린 자를 찾아 구원하려 함이니라"라는 말씀이라고 한다. 누가복음은 예수님의 사역의 대상을 '잃어버린 자'로 규정한다. 세리와 죄인, 사마리아인, 어린아이, 가난한 자, 여인들은 예수님이 찾으시는 잃어버린 자들이다.[*] 예수님은 이들을 위해 오셨다고 한다.

누가복음 19장 10절은 예수님이 삭개오를 만나시는 장면에 나오는데, 여기에는 누가복음이 드러내는 구원의 중요한 특징이 들어 있다. 이에 대해 살펴보자.

예수님 주도적 구원

예수님이 삭개오를 만나시는 장면에는 구원에 대한 예수님의 열심이 잘 드러난다(눅 19:1-10). 예수님은 잃어버린 자의 구원을 위해 주도적으로 일하셨다.

흔히 이 사건에서 사람들은 삭개오의 열심을 주목한다. 예수님을 뵙기 위해 돌무화과나무에까지 올라가는 삭개오의 열심을 칭찬한다. 그는 혹시 모를 주위 사람들의 수군거림에도 아랑곳하지 않고, 사회적 체면을 내려놓고 예수님을 뵙기

---

[*] 물론 궁극적으로는 유대인이든 이방인이든 예수님의 구원이 필요한 모든 사람이 그분의 사역 대상이다 (눅 2:31, 24:47). 다만, 누가복음에서는 상대적으로 가난하고 소외된 자들에게 더 초점이 맞춰진다.

위해 돌무화과나무에 올라갔다. 삭개오는 사람들을 신경 쓰지 않고 오로지 예수님만 주목하며 그분을 만나려고 애썼다.

그러나 본문의 강조는 여기에 있지 않다. 삭개오의 열심 이전에, 잃어버린 자를 찾아 구원하시려는 예수님의 열심이 먼저다.[4] 예수님은 삭개오의 이름을 아시고 그를 먼저 부르셨다. 오늘 그의 집에 머물러야겠다고 먼저 제안하셨다(눅 19:5). 한글 번역에는 잘 나타나 있지 않지만, 헬라어 원문에는 이 구절에 '데이'라는 조동사가 사용되었다. '~해야 한다'라는 의미인데, 따라서 '유하여야 하겠다'라는 번역이 나왔다.

> 예수께서 그곳에 이르사 쳐다보시고 이르시되 삭개오야 속히 내려오라 내가 오늘 네 집에 **유하여야 하겠다** 하시니(눅 19:5).

이 단어는 자주 하나님의 구원 역사의 필연적인 부분을 나타낸다(눅 4:43, 9:22, 13:16, 33, 17:25, 24:7, 26). 예수님이 작정하고 삭개오를 찾아오셨다는 것을 알 수 있다. 예수님은 여리고에 아무 계획 없이 우연히 들리신 것이 아니다. 지나가다가 피곤해서 잠시 쉬었다 가려고 방문하신 것이 아니다. 명소를 찾아 구경하시기 위함도 아니다. 예수님은 잃어버린 한 사람을 찾으러, 목적을 가지고 여리고를 방문하셨다. 삭개오라는 한 영혼을 구원하기 위해 찾아오신 것이다. 그래서 사람들의 수군거림에 아랑곳하지 않고 삭개오의 집을 방문하셨다(눅 19:7).

'잃어버린 자'(눅 19:10)를 표현하기 위해 사용된 헬라어 단어(아포뤼미)는 누가복음에서 총 27회 사용되었는데, 원래 이 단어는 '파괴되다', '죽다', 혹은 '멸망하다'라는 뜻을 가지고 있다. 그런데 '잃어버린 영혼'을 의미하기 위해 사용된 경우는 이 구절과 누가복음 15장이 유일하다.[5]

누가복음 15장에는 잃어버린 것을 되찾는 3가지 에피소드가 나온다. 잃어버린 양을 되찾은 목자 이야기(눅 15:1-7), 잃어버린 드라크마를 되찾은 여인 이야기(눅 15:8-10), 잃어버린 아들을 되찾은 아버지 이야기(눅 15:11-32) 등이다. 3가지 이야기는 모두 주인 혹은 아버지의 적극적인 모습을 묘사한다. 잃어버린 영혼을 찾으시는 예수님(하나님)의 모습이 비유로 나온다. 따라서 잃어버린 자를 찾아 구원하시는 인자 예수님의 모습은 삭개오를 구원하시기 위한 예수님의 열심을 보여 준다.

다른 한편, 비록 한글 번역에는 분명하게 드러나지 않지만, 헬라어는 의도적으로 예수님을 보려는 삭개오의 노력(눅 19:3)과 삭개오를 구원하시려는 예수님의 노력(눅 19:10)을 '제테오'라는 동사를 사용해 비교, 대조하고 있다.[6] 원문의 뉘앙스를 살려 두 절을 번역하면 각각 다음과 같다.

그가 예수께서 어떠한 사람인가 하여 보고자 **열심히 노력하**

되(눅 19:3, 사역).

인자가 온 것은 잃어버린 자를 **열심히 찾아** 구원하려 함이니
라(눅 19:10, 사역).

누가복음 19장의 삭개오 이야기는 삭개오의 열심으로 시
작해서 예수님의 열심으로 마친다. 겉으로 보기에는 삭개오
의 열심이 전체 이야기를 이끌고 있는 것 같다. 예수님을 보
기 위한 노력, 예수님을 만난 후 자신의 소유를 나누는 헌신
은 사람들의 이목을 끌기에 충분하다. 그리고 칭찬받아 마땅
하다. 그러나 누가복음은 이 이야기의 배후에 예수님의 열심
이 있다는 것을 보여 준다. 삭개오의 열심보다 더한 예수님의
열심이 삭개오를 구원하고 변화시켰다는 것을 보여 준다. 예
수님의 간절함과 노력이 돋보인다.

열매로 드러나는 구원

예수님과 삭개오가 만나는 이야기는 또한 구원의 열매를
소개한다. 예수님의 열심이 삭개오의 변화를 이끌었다. 삭개
오는 예수님을 만난 후 자기 재산의 절반을 가난한 자와 나누
겠다고 했다(눅 19:8). 가난한 자와 자신의 소유를 나누는 것은
누가복음과 사도행전이 지향하는 구원받은 그리스도인, 구원

받은 공동체의 모습이다. 앞 장에서 희년을 설명하면서 언급한 바와 같이, 가난한 자가 물질의 속박으로부터 자유를 얻는 것은 예수님이 전파하신 희년의 하나님 나라의 모습이다.

누가복음은 4개의 부정적인 모습을 소개하면서, 삭개오의 긍정적인 모습을 부각시킨다. 소위 탕자의 비유에서 탕자는 아버지의 유산을 허랑방탕하게 낭비하는 것으로 나온다(눅 15:13). 옳지 않은 청지기는 주인의 소유를 함부로 낭비해 위기를 맞이했다(눅 16:1). 한 부자는 자기 집 앞에서 거지 나사로가 비참한 모습으로 굶는 것에 상관하지 않고 날마다 호화롭게 즐기며 물질을 낭비했다(눅 16:19-21). 예수님께 영생의 길에 대해 질문한 부자 관리는 가난한 자와 물질을 나누라는 예수님의 말씀에 순종하지 않았다(눅 18:18-23). 그는 다른 모든 계명은 지킨다고 고백했지만, 큰 부자이기 때문에 물질에 대한 소유욕은 좀처럼 절제할 수 없었다.

예수님은 이러한 부자 관리의 태도를 구원과 연결시키셨다(눅 18:24-30). 부자는 하나님 나라에 들어가기 어렵다고 하셨다. 듣는 자들이 "그런즉 누가 구원을 얻을 수 있나이까"(눅 18:26)라고 반문하자, 예수님은 사람이 할 수 없는 것을 하나님은 하실 수 있다고 선언하셨다(눅 18:27). 무슨 의미인가? 하나님의 열심에 의해 구원을 받은 자는 자신의 소유를 가난한 자와 나누는 열매를 맺는다는 뜻이다.

듣는 자들이 이르되 그런즉 누가 구원을 얻을 수 있나이까 이르시되 무릇 사람이 할 수 없는 것을 하나님은 하실 수 있느니라(눅 18:26-27).

"하나님은 하실 수 있느니라"라는 예수님의 말씀의 증거가 삭개오의 삶에 나타난다.[7] 4개의 부정적인 예와 달리, 삭개오는 예수님을 만나고 나서 자신의 소유의 절반을 가난한 자들을 위해 쓰겠다고 선언했다(눅 19:8). 뿐만 아니라 남을 속여 빼앗은 것이 있으면 4배를 갚겠다고 했다. 율법에 의하면, 남을 속인 자는 원금에 5분의 1을 더해 갚아야 했다(민 5:7). 즉 120%를 배상해야 했다. 그런데 삭개오는 400%를 갚겠다고 했다.

이러한 삭개오의 이야기는 구원받은 사람은 물질에 대한 태도가 달라진다는 것을 보여 준다. 열매로 드러나는 구원이다. 삶으로 나타나는 구원이다. 그 삶의 한 예를 누가복음은 물질에 대한 태도라 말한다.

문맥에 나타난 구원

십자가에서 죄를 고백한 한편 행악자는 언제부터, 그리고 무엇 때문에 예수님을 믿게 되었을까? 그가 원래부터 예수님을 믿었던 것은 아니다. 다른 복음서에 따르면, 그는 처음 십자가에 달릴 때 오히려 예수님을 비방했다(마 27:44; 막 15:32). 지나가는 자들, 대제사장들과 서기관들 등 다양한 사람들이 예수님을 모욕하고 조롱했는데, 예수님의 양편 '행악자들'(복수)도 마찬가지였다. 그렇다면 그는 처음에는 다른 사람들, 그리고 다른 편 행악자처럼 예수님을 비방했다가 어느 순간에 급격하게 회심을 한 것이다. 예수님이 오늘날의 시간으로 오전 9시부터 오후 3시까지 십자가에 달려 계셨으니, 6시간 만에 변한 것이다. 도대체 무엇이 그를 변화시킨 것일까?

가장 합리적인 추론은 이 단락 앞부분과 관계가 있을 것이다(눅 23:26-38).[8] 사람들의 희롱과 모욕에도 불구하고 그들의 죄 용서를 위해 기도하시는 예수님의 모습이다(눅 23:34). 한편 행악자는 바로 예수님의 이러한 사랑과 용서의 모습을 본 것이다. 그리고 충격을 받았다.

일반적으로 십자가에서 죽음을 맞이하면 다른 사람을 저주하거나 자기의 운명을 원망한다. 그러나 예수님은 원망이나 저주는커녕 오히려 자기를 못 박은 사람들의 죄 용서를 위해 기도하셨다. 잃어버린 영혼을 구원하시려는 예수님의 구원의 열심이 그 어떤 원망이나 저주보다 강했던 것이다. 사랑이 분노보다 강하고, 용서가 복수보다 강했던 것이다.

이러한 충격적인 모습에 행악자는 감동을 받았다.[9] 보통 사람과 다른 행동을 하시는 예수님의 반응에 감명을 받아 그분을 믿기로 결정했다. 왜냐하면 사람이면 도무지 그렇게 하지 못하기 때문이다. 하나님의 아들, 메시아가 아니고서는 그러한 사랑과 용서가 나올 수 없기 때문이다. 그래서 그는 예수님이 하나님의 아들 메시아시라는 사실을 깨달았다. 그분이 지금까지 말씀하신 하나님 나라의 복음을 받아들였다. 따라서 사랑과 용서가 가장 강력한 복음 전도가 된다. 예수님은 일찍이 원수 사랑을 제자들에게 가르치셨고, 이제 십자가에서 그 모범을 보이셨다(눅 6:27, 35).

이러한 원수 사랑의 전통이 초대 교회에 이어져 내려왔다. 스데반은 예수님을 따라 자기에게 돌을 던지며 자기를 죽이는 원수들의 죄 용서를 위해 기도했다(행 7:60). 바울과 베드로는 친히 원수를 갚지 말고 하나님께 맡기며, 오히려 핍박하는 자를 축복하고 저주하지 말라고 교훈했다(롬 12:14; 벧전 3:9). 이러한 예수님과 사도들의 모범과 가르침을 따라 초대 교회는 수많은 박해와 억울한 고난에도 불구하고 악을 악으로 갚지 아니하고, 선으로 악을 이겼다. 그래서 기독교는 세상 사람들에게 충격을 주었고, 사람들은 더욱 교회가 선포하는 복음에 귀를 기울이게 되었다.

물론 이러한 가르침은 무조건 악인의 죄를 덮어 주고 그냥 넘어가라는 의미가 아니다. 때로는 잘못을 지적하고 꾸짖을 필요가 있다. 그래서 예수님은 교회의 권징을 허락하시며 교회의 거룩에 힘쓰라고 하셨다(마 18:15-17). 다만, 설령 권징을 행하더라도 사랑으로 해야 한다. 그 사람이 회개하고 돌아오도록 기도하는 마음으로 시벌을 해야 한다. 그러고 나서 그가 회개하면 용서할 준비를 하는 것이다. 이러한 사랑과 용서가 십자가의 정신이다.

단락 안에 나타난 구원

단락(눅 23:39-43) 안에도 예수님의 십자가 구원의 특징이 나타난다. 지금까지 누가복음 전체에서, 그리고 인접 문맥에 나타난 구원의 특징을 보았다면, 이제 단락 자체 안에는 어떤 구원의 특징이 있는지 살펴보자.

십자가 위 구원의 열매

회심한 행악자는 자신의 죄를 고백하고, 예수님을 모독하는 다른 행악자를 꾸짖었다(눅 23:40-41). 이것은 실로 믿음의 열매가 아닐 수 없다. 구원받은 자의 열매다.

못된 열매 맺는 좋은 나무가 없고 또 좋은 열매 맺는 못된 나무가 없느니라 나무는 각각 그 열매로 아나니 가시나무에서 무화과를, 또는 찔레에서 포도를 따지 못하느니라 선한 사람은 마음에 쌓은 선에서 선을 내고 악한 자는 그 쌓은 악에서 악을 내나니 이는 마음에 가득한 것을 입으로 말함이니라(눅 6:43-45).

예수님은 사람의 입으로 나오는 말이 그 마음의 열매라고 하셨다. 따라서 회심한 행악자는 비록 십자가에 매달려 꼼짝할 수 없지만, 최선을 다해 자신이 마음으로 믿는 것을 입으로 나타냈다. 자신은 이러한 벌을 받기에 합당한 죄인이라고 고백했다. 그리고 예수님은 의로운 분이시라고 고백했다.

뿐만 아니라 그는 죄에 대한 거룩한 분노를 가졌다. 다른 행악자가 예수님을 모욕하자 그를 꾸짖으며 분노했다. 거룩한 분노는 참된 믿음의 또 다른 열매다. 하나님을 경외하지 않고 자기 욕심대로 사는 세상을 향하여 거룩한 분노를 가지는 것이다. 예수님은 성전을 예배하는 곳으로 사용하지 않고 자신들의 탐욕의 도구로 사용한 성전 세력가들에게 분노하셨다(눅 19:45-46). 바울은 아테네에 갔을 때 우상이 즐비한 모습을 보고 분노했다(행 17:16). 이와 같이 참된 믿음에는 예수님을 닮은 거룩한 분노가 있다.

기대 이상의 구원과 은혜

회심한 행악자는 마지막으로 예수님께, "예수여 당신의 나라에 임하실 때에 나를 기억하소서"(눅 23:42)라고 요청했다. 여기서 '당신의 나라에 임하실 때'가 언제인지에 대해 논란이 있다.[10] 어떤 학자들은 예수님이 승천하셔서 하늘의 영역에 들어가 통치를 시작하실 때(가까운 미래)를 말한다고 한다(눅 9:51, 19:12, 24:26).[11] 다른 학자들은 예수님이 세상 끝에 영광과 능력으로 재림하실 때(먼 미래)를 가리킨다고 한다(눅 17:22-23, 21:27, 36, 22:29-30).[12] 가까운 미래든, 먼 미래든 예수님은 그러한 미래 개념으로 말씀하지 않으셨다.

> 예수께서 이르시되 내가 진실로 네게 이르노니 오늘 네가 나와 함께 낙원에 있으리라 하시니라(눅 23:43).

예수님은 '오늘'이라는 표현을 통해 회심한 행악자를 즉각 낙원으로 이끌 것이라고 하셨다.* 행악자가 기대한 것보다 더 놀라운 구원을 약속하셨다. 행악자는 '기억하소서'라는 표현을 통해 예수님께 조금이라도 자신에게 자비를 베풀어 달

---

* '낙원'(파라데이소스)은 마지막 부활이 있기 전에 신자의 영혼이 임시적으로 머무는 곳이다(고후 12:4; 계 2:7). 예수님이 재림하실 때 낙원에 있던 신자의 영혼은 무덤 속에서 부활한 몸과 결합한다.

라고 요청했다. 그러나 예수님은 "네가 나와 함께 있으리라" 라고 약속하셨다. 기억하는 정도가 아니라 예수님이 친히 그와 함께 있을 것이라고 약속하셨다. 행악자가 기대한 것보다 훨씬 더 풍성한 구원을 약속하신 것이다. 따라서 예수님은 십자가에서 기대 이상의 구원을 보여 주셨다.[13]

이렇게 기대 이상으로 베푸시는 예수님의 구원과 은혜는 성경 여기저기에 나타나 있어 우리가 어렵지 않게 볼 수 있다. 요한복음 9장에 나오는 나면서부터 맹인인 사람은 눈을 떠서 세상을 두 눈으로 보는 것이 평생의 소원이었을 것이다. 그가 기대하고 소원한 것은 육체의 시력이었다. 그러나 예수님은 그를 방문하셔서 육체적 시력뿐만 아니라 영적인 시력도 회복시키셨다. 예수님을 믿게 하시고, 하나님 나라에 들어가게 하셨다. 이것이 기대 이상으로 베푸시는 예수님의 구원이다.

또한 예수님은 당장은 내가 원하는 대로 되지 않지만, 기대 이상으로 놀라운 결과를 만들어 내신다. 그것이 하나님께 영광이 되게 하시고, 우리에게도 유익이 되게 하신다. 갈릴리 바다에서 그물을 씻고 있는 베드로는 몹시도 낙담했다(눅 5:1-11). 밤새도록 고기를 잡으려고 노력했지만 허사였기 때문이다. 베드로가 원하는 것은 고기를 많이 잡아 어부로서 성공하는 것이었을 것이다. 그러나 예수님의 계획은 달랐다. 예수님의 계획은 베드로를 사람 낚는 어부로 만드시는 것이었다.

그를 통해 교회가 세워지고 3,000명, 5,000명이 하나님께 돌아오도록 하시는 것이었다.

세베대의 아들인 야고보와 요한은 어떤가? 그들은 예수님의 좌우편에 앉아 사람들의 주목과 인기를 얻는 것이 꿈이었다(마 20:20-28; 막 10:35-45). 그러나 예수님의 계획은 달랐다. 두 형제를 사용하셔서 제자도의 알파와 오메가를 만들려고 하셨다. 야고보는 사도들 중에 가장 먼저 순교해 제자도의 모범을 보여 주었다(행 12:2). 요한은 사도들 중에 맨 나중까지 살아남아 예수님의 교회를 끝까지 충성하며 지켰다(요 21:24). 베드로도 없고, 바울도 없는 초대 교회에 요한은 마지막까지 남아 교회들을 예수님께 인도하는 등불과 같은 존재가 되었다.

예수님은 야고보와 요한이 기대하고 상상한 것보다 더 놀랍고 풍성하게 그들을 사용하셨다. 예수님은 우리에게 기대 이상으로 풍성한 구원과 은혜를 맛보게 하신다.

결론

'구원'이라는 말만큼 그리스도인에게 익숙한 말이 있을까. 그러나 '구원'만큼 우리가 제대로 알지 못하는 말도 없다. 누가복음에 나오는 예수님의 십자가 말씀은 구원에 대한 우리의 이해의 폭을 넓히고, 사고의 깊이를 더해 준다. 처음에는 '내가' 구원받기 위해 '내가' 믿은 것 같은데, 사실 알고 보면 나를 구원하시려는 '예수님의 열심'이 있었다. 그 은혜로운 열심 때문에 오늘의 내가 있을 수 있다. 십자가는 이 사실을 우리에게 말해 준다. 예수님의 구원의 열심의 결정체가 십자가다.

따라서 이러한 구원의 비밀을 깨달은 사람은 자기를 자랑할 것이 없다. 십자가를 자랑하고 사랑할 뿐이다. 어떠한 경우에도 이런 놀라운 구원을 주신 예수님을 바라볼 뿐이다. 그래서 사도 바울은 에베소서 3장 14-19절의 기도를 마친 다음에 이렇게 고백했다.

> 우리 가운데서 역사하시는 능력대로 우리가 구하거나 생각하는 모든 것에 더 넘치도록 능히 하실 이에게 교회 안에서와 그리스도 예수 안에서 영광이 대대로 영원무궁하기를 원하노라 아멘(엡 3:20-21).

우리 하나님은 우리가 기도하는 것보다 더 넘치게 역사하시는 분이고, 우리가 생각하는 것보다 더 풍성하게 이루시는 분이다. 왜냐하면 하나님의 열심, 예수님의 열심이 나의 열심보다 훨씬 더 강하기 때문이다. 그분의 열심은 죽음보다 강하고, 복수보다 강하며, 원수보다 강하다. 이러한 예수님의 열심은 우리를 변화시켜 열매를 맺게 한다. 마음의 생각이 바뀌고, 입의 말이 바뀌고, 삶에 나타나는 행동이 바뀐다.

십자가 위의 행악자는 예수님을 비난하는 다른 행악자를 꾸짖음으로 구원의 열매를 드러냈다. 삭개오는 자기 소유를 다른 사람과 나누었다. 따라서 예수님의 열심은 우리를 아무것도 하지 않는 게으른 자로 만들지 않는다. 예수님의 열심에 감동해 그분을 뜨겁게 사랑하게 한다. 예수님의 구원에 감사하여 다른 사람에게 자비를 베풀게 한다.

묵상과 적용

배우 김혜자 씨가 주연한 "눈이 부시게"라는 TV 드라마가 있다. 극중에서 그녀는 우리가 흔히 '치매'라 부르는 알츠하이머를 앓았다. 젊은 시절 남편을 잃고 혼자 외아들을 키운 억척스러우면서도 가여운 인생이었다. 그런데 성인이 된 외아들과 관계가 그렇게 좋지 못하고 데면데면했다. 그 이유는 이렇다.

어린 시절 아버지 없이 지냈던 아들은 혼자 골목에서 공을 가지고 놀다가 그만 자동차 사고를 당했다. 이 일로 아들은 평생 다리를 절며 살아야 하는 장애인이 되었다. 어머니는 아들이 너무 불쌍하고 마음이 아팠지만 아들 앞에서 티를 낼 수 없었다. 오히려 더 냉정하게 대했다. 아버지 없이 자라는 아들을 강하게 키우기 위해서였다. 그래서 늦잠 자는 아들을 혼을 냈고, 아파서 학교 가기 싫다고 할 때는 억지로 약을 먹여 보냈다. 아들은 그런 어머니가 몹시 서운했다. 차가운 어머니에게 나이가 들어서도 좀처럼 정이 가지 않았다.

그런데 어느 눈 오는 날, 일을 하고 있던 아들은 알츠하이머로 입원 중이던 어머니가 병실에서 사라졌다는 연락을 받았다. 놀란 아들은 허겁지겁 병원에 도착했다. 아들 내외와 병원 직원들은 흩어져서 이곳저곳을 헤매며 어머니를 찾아다녔다.

마침내 아들은 요양병원 한 귀퉁이에서 빗자루로 눈을 쓸고 있는 어머니를 발견했다. 아들은 놀란 가슴을 쓸어내리며 어머니에게 도대체 뭐 하시냐며 따졌다. 그러자 어머니는 해맑은 미소를 띠며, 눈이 와서 우리 아들 학교 가는 길에 넘어지지 않도록 길을 쓸고 있다고 말했다. 그제야 아들은 깨달았다. 자신이 추운 겨울 학교를 갈 때 유독 자기 집 문 앞에 있는 눈만 깨끗이 치워져 있었다. 그때는 옆집 아저씨가 그렇게 한 줄 알았다. 아들에게 냉정한 어머니가 했을 것이라고는 상상하지 못했다.

어머니는 알츠하이머를 앓고 모든 기억을 잃었지만, 눈 오는 날이면 아들을 위해 매일 눈을 쓸었던 그 기억만은 잃지 않았던 것이다. 그리고 오늘도 자신의 아들이 학교에 간다고 생각하고, 눈 내리는 것을 보자마자 비를 들고 눈을 쓸고 있었던 것이다. 아들은 자신을 알아보지 못하는 어머니에게 "아들은 엄마가 이렇게 자신을 위해 눈을 쓰는 것을 몰라요"라고 말했다. 그러자 어머니가 대답했다. "몰라도 돼요. 우리 아들만 넘어지지 않으면 돼요."

어머니는 그렇게 아들을 사랑하며 한평생을 살았다. 그 사랑이 아들의 마음을 녹이고, 우리의 얼어붙은 마음을 녹인다.

하나님의 사랑, 예수님의 열심을 이 세상에서 가장 잘 대변해 줄 수 있는 비유가 무엇이 있을까? 어떤 인간의 노력도 감히 하나님의 사랑, 예수님의 열심에 견줄 수 없다. 그럼에도 가장 근접한 비유를 고르라면, 그것은 단연코 자녀를 향한 부모의 사랑일 것이다. 때로는 인간의 죄악 된 본성 때문에 탐욕으로 자식을 그르치기도 하지만, 그래도 부모의 사랑만큼 하나님의 사랑, 예수님의 열심을 흉내 낼 수 있는 것은 없다.

누가복음 23장 39-43절에서 십자가에 달린 한 행악자가 예수님을 믿고 낙원을 약속받은 사건은 감동적인 한 편의 드라마 같다. 교회 역사에 길이길이 남을 위대한 장면이다. 그러나 이 이야기를 읽고 듣는 많은 사람은 주로 행악자가 구원받은 것에만 초점을 맞춘다. 그가 어떻게 구원받게 되었는지에 대해서는 좀처럼 주목하지 않는다. 누가복음 전체에서, 그리고 문맥에서 볼 때 결국 이 위대한 장면은 하나님의 사랑, 예수님의 열심 때문이라는 사실을 알 수 있다. 그 사랑과 열심이 너와 나를 바꾼다. 마음을 바꾸고, 말을 바꾸고, 행동을 바꾼다.

1 삭개오의 열심과 예수님의 열심을 비교해 설명해 보자. 삭개오의 열심을 무시하거나 가볍게 여길 필요는 없다. 본문에는 분명히 삭개오가 주목받을 부분도 있다. 그러나 예수님의 열심은 어떤 면에서 더 주목받아야 할까?

2 십자가 위에서 예수님께 믿음을 고백한 행악자는 원래 어떤 사람이었으며, 무엇이 그를 이렇게 변화시켰는가?

3 십자가 위의 행악자가 기대한 구원은 무엇이었으며, 예수님이 약속하신 기대 이상의 구원은 무엇인가?

4 십자가 위 아무것도 할 수 없는 처절한 상황에서 예수님을 믿은 행악자가 보인 믿음의 열매는 무엇인가? 우리가 믿음의 열매라고 할 수 있는 것에는 어떤 것들이 있을까?

5 과거에 뜻대로 잘 안된 일이 궁극적으로 합력하여 선을 이룬 적이 있는가? 그렇다면 그러한 사실을 요즘 뜻대로 잘 안되는 나의 삶에 어떻게 적용해 볼 수 있을까?

4장

믿음을
위한
십자가

예수께서 큰 소리로 불러 이르시되
아버지 내 영혼을 아버지 손에 부탁하나이다 하고
이 말씀을 하신 후 숨지시니라

눅 23:46

°   알랭 드 보통(Alain de Botton)은《불안》(은행나무, 2011)에서 현대인이 느끼는 불안의 원인을 다음의 5가지로 진단한다.[1] 다른 사람들로부터 인정받지 못하는 사랑의 결핍, 편견과 차별의 속물근성, 끝없는 욕망과 기대, 능력주의가 낳은 무한 경쟁, 인간을 둘러싸고 있는 불확실성 등이다. 사람들은 이런 이유 때문에 불안의 늪에서 좀처럼 빠져나오지 못한다고 한다. 비단 알랭 드 보통의 말이 아니더라도, 현대인들은 여러 가지 이유로 불안한 삶을 살며, 불안을 호소하고 있다. 특히 사스, 메르스, 코로나19 등과 같은 계속되는 전염병의 위협 때문에 전 세계가 불안해하고 있다.

사실 하나님을 떠난 인간이 필연적으로 만나는 정서가 불안이다. 그런데 예수님은 십자가에서 우리가 하나님께로 돌아가서 평강 가운데 살 수 있는 길을 제시하셨다. 죽음이라는 극단의 위기 앞에서 예수님은 자신의 삶을 하나님 아버지의 절대 주권에 맡기셨다.

예수께서 큰 소리로 불러 이르시되 **아버지 내 영혼을 아버지 손에 부탁하나이다** 하고 이 말씀을 하신 후 숨지시니라 (눅 23:46).

누가복음 23장 46절에는 예수님의 믿음이 나온다.[2] 그래서 믿음의 십자가다. 그 어떤 순간에도 하나님의 주권에 대한 신뢰를 잃지 않고, 자신을 하나님께 맡기는 믿음이다.[3] 예수님의 제자들은 이런 믿음으로 세상을 살도록 요청받는다. 따라서 예수님은 제자들의 믿음의 모델이시다.[4]

"내 영혼을 아버지 손에 부탁하나이다"라는 예수님의 말씀은 누가복음에 나오는 3가지 십자가 말씀 중 마지막 말씀이다. 믿음의 십자가를 좀 더 잘 이해하기 위해 누가복음에 나오는 하나님의 주권에 대해, 예수님과 초대 교회의 믿음에 대해, 그리고 누가복음이 강조하는 믿음에 대해 좀 더 살펴보자.

누가복음의 하나님의 주권 강조

예수님은 십자가에서 하나님께 자신의 삶을 맡기는 믿음의 본을 보여 주셨다. 누가복음에서 하나님은 자신의 기쁘신 뜻대로 만물을 통치하시는 분으로 나온다. 약속하신 바를 성취하시며, 계획하신 바를 이루시는 분이다. 따라서 예수님의 믿음은 이러한 하나님의 주권에 대한 믿음이라고 할 수 있다. 그러면 하나님의 주권이 구체적으로 어떻게 묘사되어 있는지 먼저 살펴보자.

구약 예언의 성취

누가복음 23장 46절은 누가복음에 나오는 십자가 말씀 중에 유일하게 구약을 인용했다(시 31:5).* 이것은 우연일까? 그렇지 않다. 예수님은 십자가에서 구약 말씀을 언급하심으로써 자신의 모든 생애와 사역이 구약의 성취를 위한 것임을 보여 주셨다. 십자가가 하나님의 뜻과 계획 가운데 있는 것임을 보여 주셨다. 누가복음은 시작과 끝에 이러한 예수님의 생애를 분명히 언급한다. 먼저 시작 부분을 보자.

우리 중에 이루어진 사실에 대하여 처음부터 목격자와 말씀의 일꾼 된 자들이 전하여 준 그대로 내력을 저술하려고 붓을 든 사람이 많은지라 그 모든 일을 근원부터 자세히 미루어 살핀 나도 데오빌로 각하에게 차례대로 써 보내는 것이 좋은 줄 알았노니 이는 각하가 알고 있는 바를 더 확실하게 하려 함이로라(눅 1:1-4).

---

* "내가 나의 영을 주의 손에 부탁하나이다 진리의 하나님 여호와여 나를 속량하셨나이다"(시 31:5).

'우리 중에 이루어진 사실'이라는 말은 얼핏 우리 가운데 일어난 일(happening)을 기록한 것이라고 오해하기 쉽다. 그러나 헬라어 동사 '플레로포레오'의 의미를 살려 우리말로 정확하게 번역하면, '우리 가운데 성취된 일'이라 할 수 있다. 누가복음의 기록 목적은 성취된 일을 기록하는 것이다. 그래서 예수님에 대해 알고 있는 사람들이 더 확신을 갖도록 하는 데 그 목적이 있다. 누가는 복음서를 시작하면서 이 점을 분명히 밝혔다. 이러한 성취의 개념은 누가복음 마지막 부분에도 나온다.

> 또 이르시되 내가 너희와 함께 있을 때에 너희에게 말한 바 곧 모세의 율법과 선지자의 글과 시편에 나를 가리켜 기록된 모든 것이 이루어져야 하리라 한 말이 이것이라 하시고(눅 24:44).

부활하신 예수님이 제자들에게 나타나셔서 자신의 죽음과 부활은 구약 성경의 성취라고 말씀하시는 장면이다. 여기서 '모세의 율법과 선지자의 글과 시편'은 구약 성경을 일컫는다. '이루어져야 하리라'라는 말에는 동사 '플레로오'가 사용되었는데, 누가복음 1장 1절에 나오는 '플레로포레오'와 같은 어원의 단어다. 성취의 의미를 갖고 있다.

구약에는 직간접적으로 예수님의 죽음과 부활을 가리키는

다양한 예언이 있다(사 53장; 시 16:10). 이러한 예언의 성취는 무엇을 의미하는가? 예수님의 십자가는 어쩔 수 없이 당한 일이거나, 그분의 부활은 우연히 일어난 일이 아니라는 뜻이다. 하나님의 주관 아래 이 모든 일이 이루어졌다는 의미다. 역사의 주인이신 하나님이 이 모든 일을 주도하셨다는 뜻이다.

이와 같이 누가복음은 하나님의 주권을 강조하는 성경이다. 구약 성경의 직접적인 인용은 누가복음보다 마태복음이 많다. 그러나 누가복음은 수미상관 구조를 사용해 그 시작과 끝에 예수님의 이야기가 사실은 구약 예언의 성취라는 점을 강조한다(눅 1:1, 24:44). 이를 통해 하나님이 역사와 세상의 주관자이심을 밝히고 있다. 그리하여 예수님을 믿고 이 땅을 살아가는 성도들로 하여금 하나님의 주권을 믿고, 어떠한 경우에도 흔들리지 말고 굳건하게 살아가라고 격려한다.*

하나님의 계획과 성취

누가복음에는 또한 하나님의 주권을 직접적으로 언급하며 강조하는 본문이 있다. 예수님은 제자들과 최후의 만찬을 하

---

* 이러한 예언의 성취의 강조는 사도행전에도 나온다. 예수님의 부활도, 성령의 강림도 모두 구약이 성취된 것이다(행 2:16-21, 25-28). 특히 성취의 의미를 위해 누가복음 24장 44절에 사용된 헬라어 '플레로오'가 유다의 배신과 그리스도의 고난을 위해 또 등장한다(행 1:16, 3:18). 따라서 누가복음과 마찬가지로 사도행전도 하나님의 주권을 강조한다고 볼 수 있다. 하나님이 역사의 주인이시며, 교회의 주인이시다. 그러므로 사도행전을 읽는 신약의 교회는 오직 하나님께 자신을 맡기며 믿음으로 살아야 한다.

시면서 자신의 죽음이 하나님의 계획에 따른 것임을 밝히시고, 자신을 배신하는 유다는 저주를 받을 것이라고 하셨다.

> 인자는 이미 작정된 대로 가거니와 그를 파는 그 사람에게는 화가 있으리로다 하시니(눅 22:22).

예수님의 죽음의 이러한 성격은 사도행전에서 사도들의 메시지에도 등장한다. 다시 말하면, 예수님의 죽음이 아버지 하나님의 뜻에 따라 이루어졌다는 것이다(행 2:23, 4:27-28). 뿐만 아니라 누가복음과 사도행전에서는 헬라어 조동사 '데이'가 하나님의 목적이나 계획을 위한 신적 필요성을 나타내기 위해 사용되었다(눅 9:22, 17:25, 22:37, 24:26-27; 행 17:3).[5]

> 이르시되 인자가 많은 고난을 받고 장로들과 대제사장들과 서기관들에게 버린 바 되어 죽임을 당하고 제삼일에 살아나야 하리라 하시고(눅 9:22).

이 구절에서 '고난을 받다', '버린 바 되다', '살아나다'는 모두 조동사 '데이'와 연결된다. '데이'는 반드시 일어날 일을 가리킬 때 사용된다. 지금 일어나는 일이 꼭 필요한 일이라는 뜻이다. 그래서 예수님이 고난을 받으시고, 버린 바 되시고,

살아나신 것은 꼭 일어나야 할 일이었다. 다시 말하면, 십자가와 부활은 하나님의 작정과 계획에 따라 반드시 일어날 필요가 있는 사건이었다.

이런 이유로 예수님은 그분의 공생애 기간 자신의 죽음과 부활을 누차 언급하셨다(눅 9:22, 44, 18:32-33). 결국 예수님은 하나님의 뜻에 따라 죽으셨고, 하나님의 뜻에 따라 살아나셨다. 그분은 하나님 아버지의 뜻에 붙들린 바 된 인생을 사셨다. 따라서 십자가에서 예수님이 보이신 믿음은 이러한 하나님의 뜻에 대한 믿음이다. 하나님의 주권에 대한 믿음이다. 이어서 예수님의 믿음에 대해 좀 더 살펴보자.

예수님과 초대 교회의 하나님께 맡기는 믿음

지금까지 살펴본 바와 같이, 누가복음에는 자신의 뜻을 성취하시는 하나님의 주권이 강조되어 있다. 예수님은 십자가에서 그러한 하나님의 주권에 자신의 삶을 맡기는 믿음의 본을 보여 주셨다. 이제 누가복음 23장 46절에 나오는 예수님의 믿음의 구체적인 의미를 살펴보자. 그리고 그러한 예수님의 믿음이 사도들에 의해 초대 교회에 어떻게 전수되었는지를 알아보자. 곧 살펴보겠지만 예수님의 믿음은 특히 바울과 베드로의 신앙 고백과 권면 속에 잘 드러난다.

예수님의 맡기는 믿음

예수님은 십자가 위에서 운명하시기 전 자신의 영혼을 하나님 아버지께 부탁하셨다.

> 아버지 내 영혼을 아버지 손에 **부탁하나이다**(눅 23:46).

'부탁하다'로 번역된 헬라어 '파라티떼미'는 좀 더 자연스러운 한글 표현으로 바꾸면 '맡기다'이다. 예수님이 자신의 영혼을 아버지께 맡기셨다는 뜻이다. '영혼'이란 육체와 반대되는 의미로서 영혼일 수도 있지만, 전인격적인 의미의 생명 혹은 삶으로 이해할 수도 있다.[6] '아버지 손'은 아버지의 주권이라 할 수 있는데, 여기서는 아버지의 돌보심 혹은 능력으로 나타난다. 결국 아버지 손이란 '아버지의 능력 있는 돌보심'(powerful care)이다. 아버지의 돌보심에는 사랑이 있고, 그 아버지는 전능하신 하나님이시기 때문에 능력도 있으시다.

십자가에서 예수님은 하나님을 '아버지'라 부르시면서 자기 목숨을 아버지의 능력 있는 돌보심에 맡기셨다. 여기에는 하나님 아버지의 성품에 대한 신뢰와 능력에 대한 신뢰가 다 들어 있다. 하나님은 사랑이 없는 능력자도 아니시고, 능력이 없는 사랑꾼도 아니시다. 무정한 능력도, 무능한 사랑도 하나님과 어울리지 않는다.

예수님은 하나님 아버지께서 그분의 능력과 사랑으로 돌보신다는 것을 믿고, 자신의 영혼을 그분께 맡기셨다. 하나님은 이러한 예수님의 기도를 사용하셔서 예수님을 부활시키셨다. 아버지의 능력 있는 돌보심으로 예수님은 살아나셨다.

초대 교회의 맡기는 믿음

예수님이 십자가 위에서 보여 주신 맡기는 믿음은 사도들과 초대 교회에 잘 계승되었다. 사도 베드로는 고난 중에 있는 성도들에게 그들의 영혼을 하나님께 맡기라고 권면했다.

> 그러므로 하나님의 뜻대로 고난을 받는 자들은 또한 선을 행하는 가운데에 그 영혼을 미쁘신 창조주께 **의탁할지어다**(벧전 4:19).

'의탁하다'라는 말은 예수님이 십자가에서 말씀하신 '부탁하다'와 같은 헬라어 동사(파라티떼미)로서 '맡기다'라는 의미다. 이 구절은 베드로전서 4장 12-18절에 나오는 의와 선을 위해 고난받는 성도들을 위한 권면의 결론 부분이다.

사도 베드로는 여기서 두 가지를 말했다. 첫째, 성도의 고난은 하나님의 뜻과 관련이 있다. 하나님의 뜻은 선을 행하며 고난을 받는 것이다(벧전 3:17).[7] 둘째, 고난받는 성도는 자신의 영혼을 하나님께 맡기며, 담대하게 선을 행하는 것이 필요하다.

여기서 '영혼'은 헬라어로 '프쉬케'인데, 인간 존재 전체를 가리킨다.[8] '창조주'는 하나님의 주권을 떠오르게 한다. 베드로는 모든 상황이 하나님의 주권 아래 있다는 사실을 기억하라고 했다. 그 하나님은 또한 '미쁘신' 분이다. 이는 하나님의 신실한 성품을 가리킨다. 미쁘신 하나님은 예수 그리스도 안에서 성취된 사랑의 언약 때문에 자기 백성을 버리지 않으신다. 여기서도 하나님의 능력과 성품이 나타난다. 따라서 사도 베드로가 성도들에게 의지하라고 권면하는 하나님은 그분의 능력과 신실함으로 자기 백성을 돌보시는 분이다.

맡기는 믿음은 자기 자신의 영혼뿐만 아니라 다른 영혼을 향해서도 필요하다. 사도 바울은 자신이 섬기는 영혼을, 자기가 사랑하는 교회를 하나님께 맡겼다. 루스드라와 이고니온과 안디옥에서 장로들을 세운 후 그들을 주님께 맡겼다.

각 교회에서 장로들을 택하여 금식 기도 하며 그들이 믿는 주께 그들을 **위탁하고**(행 14:23).

'위탁하다'라는 말이 '맡기다'라는 뜻을 가진 '파라티떼미'

다. 바울이 사역한 지역 중에 반대가 없었던 지역은 없지만, 특히 루스드라는 반대가 심했다(행 14:19-23). 바울이 루스드라에서 복음을 전할 때 안디옥과 이고니온에서 온 유대인들이 무리를 충동해 바울을 돌로 쳤고, 그들이 바울이 죽은 줄 알고 성 밖에 버린 일이 있었다. 이렇게 핍박이 심한 지역을 떠나면서 바울이 한 일은 교회의 지도자들을 세우고, 그들을 주님께 맡긴 것이었다(행 14:23).

자신을 죽을 만큼 돌로 친 반대자들 속에 제자들을 남겨 두고 가는 바울의 심정은 어땠을까? 바울은 그런 상황에서 교회 지도자들과 성도들을 주님께 맡겼다. 주님이 돌보시도록 맡겨 드린 것이다. [9]

또 다른 장면에서도 사도 바울의 맡기는 믿음이 나온다. 사도 바울은 예루살렘에 올라가면서 이제 자신이 붙잡혀 죽을 날이 다가왔다는 것을 알았다. 그래서 이제 다시 보지 못할 에베소 교회 장로들을 불러 작별 인사를 했다. 그때 바울은 그들에게 유언과 같은 말을 몇 가지 했다(행 20:18-35). 그중 32절에 바울의 신앙 고백이 담겨 있는데, 그는 이 고백을 통해 에베소 교회 장로들과 성도들이 주님과 말씀을 온전히 의지하도록 격려했다.

지금 내가 여러분을 주와 및 그 은혜의 말씀에 **부탁하노니** 그 말씀이 여러분을 능히 든든히 세우사 거룩하게 하심을 입은 모든 자 가운데 기업이 있게 하시리라(행 20:32).

여기서 '부탁하다'라는 말이 곧 우리가 계속 살펴보고 있는 '파라티떼미', 즉 '맡기다'이다. 바울은 이제 더 이상은 에베소 교회를 자기가 돌보지 못한다는 사실을 알고, 주님과 그 주님의 말씀에 그들을 맡겼다.

에베소 교회는 바울이 개척하고 사역한 교회 중에 가장 많은 시간을 할애한 교회다(행 19:1-20). 그가 애쓰고 힘쓴 교회들 중에 사랑하지 않은 교회가 어디 있으랴마는, 특별히 3년이나 심혈을 기울여 사역한 에베소 교회에는 남다른 애정이 있었을 것이다. 그런데 그런 교회를 이제 주님과 그분의 말씀에 올려 드리고 맡겼다. 이것이 예수님의 본을 따라 사도가 보여 준 신앙의 자세다. 하나님께 맡기는 것이다.

맡기는 믿음과 우리의 열심

여기서 우리가 주의해야 할 점이 있다. 하나님의 주권에 맡기는 것으로 나의 게으름을 정당화하지 말아야 한다. 하나님의 주권에 내 삶을 맡기는 것은 '나의 열심'이라는 열매를 맺는다. 하나님의 은혜로 내 삶의 과정에 충실하고, 하나님의 최종 판단을 기다리는 것이다.

자신의 삶을 하나님께 맡기신 예수님은 세월을 허투루 보내지 않으셨다. 하나님이 주신 사명에 충성하셨다. 사도들도 마찬가지였다. 베드로도, 바울도 최선을 다해 영혼을 돌아보고 교회를 섬겼다. 그리고 자신을 도구로 사용하시는 하나님이 그분의 선한 뜻대로 하나님 나라를 세워 가실 것을 믿고 바라보았다. 이 점에서 에베소 교회 장로들과 헤어지면서 그들을 주님께 맡긴다고 고백하는 사도 바울의 또 다른 고백이 인상적이다. 그는 3년 동안 밤낮 쉬지 않고 눈물로 각 사람을 훈계했다고 고백했다(행 20:31).

그러므로 하나님의 주권에 맡기는 믿음은 우리를 나태하게 만들지 않는다. 하나님께 맡기는 믿음은 하나님 나라를 위한 거룩한 열심이라는 열매로 나타난다.

물론 여기서 우리가 잊지 말 것은 거룩한 열심이라는 열매도 하나님의 도우심으로 맺을 수 있다는 사실이다. 하나님이 그리스도 안에서 성령으로 우리를 도우시기 때문에 우리는 그분을 위해 열심히 살 수 있다. 그래서 바울은 자신이 다른 사도보다 더 많이 수고했지만, 자신이 아니라 자신과 함께하신 하나님의 은혜 덕분이라고 했다(고전 15:10). 따라서 믿음도 하나님의 은혜요, 믿음의 열매인 열심도 하나님의 은혜다.

누가복음이 강조하는 믿음

누가복음에 맡긴다는 말은 없지만, 이 복음서에서 "믿음"은 또 다른 큰 주제다. 예수님은 믿음을 강조하셨다.[10] 우리가 잘 아는 "네 믿음이 너를 구원했다"라는 말씀이 마태복음에 1회(마 9:22), 마가복음에 2회 나오는데(막 5:34, 10:52), 누가복음에는 4회가 나온다(눅 7:50, 8:48, 17:19, 18:42). 믿음 때문에 열두 해를 앓았던 혈루증이 치유받고(눅 8:48), 맹인이 눈을 뜨고(눅 18:42), 죄를 용서받고(눅 7:50), 영혼 구원을 얻게 되었다(눅 17:19). 이와 같이 예수님은 사람들의 믿음에 주목하시며, 그 믿음을 따라 역사하셨다.

예수님의 능력이나 하나님의 주권이 사람의 믿음에 종속된다는 뜻이 아니다. 하나님과 예수님이 사람들의 믿음을 도구로 사용하셔서 신적인 뜻을 성취하신다는 의미다. 이와 같이 누가복음에는 하나님의 주권, 예수님의 능력이 강조되면서, 동시에 하나님과 예수님을 믿는 믿음이 강조된다.

한편, 누가복음에는 '믿음'에 관한 또 다른 독특한 표현이 나온다. 첫째, 예수님은 불의한 재판관과 과부 이야기에서 밤낮 부르짖는 택하신 백성의 원한을 풀어 주시는 하나님을 소개하면서 의미심장한 말씀을 남기셨다.

그러나 인자가 올 때에 세상에서 믿음을 보겠느냐(눅 18:8).

이것은 예수님의 수사적 표현이다. 예수님이 세상에 재림하실 때 제자들의 믿음을 보지 못한다는 뜻이 아니다. 그날이 올 때까지 굳건한 믿음을 유지하라는 예수님의 권면이다.[11] 믿음을 갖고 지속적으로 기도하라는 말씀이다. 오직 예수님의 최후 심판을 기대하며, 현실의 부조리 속에서도 낙담하지 말라는 의미다.

둘째, 이러한 믿음은 또한 하나님의 특별한 돌보심의 결과다. 예수님은 절대 주님을 배반하지 않겠다고 큰소리치는 베드로에게 이 사실을 말씀하셨다. 베드로가 닭 울기 전에 세 번 주님을 부인하겠지만, 그의 믿음이 떨어지지 않도록 자신이 기도했다고 말씀하셨다.

그러나 내가 너를 위하여 네 믿음이 떨어지지 않기를 기도하였노니 너는 돌이킨 후에 네 형제를 굳게 하라(눅 22:32).

'믿음이 떨어지는 것'은 곧 믿음을 잃는 것이다. 예수님은 베드로가 신앙적으로 잠시 넘어지겠지만, 아주 넘어지지 않도록 기도하신 것이다. 하나님이 베드로의 믿음을 돌보시도록 기도하셨다. 예수님의 이 말씀은 결국 믿음이 예수님의 기도와 하나님의 돌보심에 의해 유지된다는 것을 보여 준다. 따라서 믿음은 하나님의 선물이다. 믿음은 하나님이 주시는 것이고, 하나님이 지속하게 하신다. 내가 믿지만, 하나님이 은혜를 주셔야 믿을 수 있다.

예수님은 지금도 하나님 우편에서 성도를 위해 기도하신다(롬 8:34). 성령도 기도하신다(롬 8:26-27). 성도의 믿음을 위해 기도하신다. 우리는 예수님과 성령의 기도, 그리고 하나님의 돌보심에 힘입어서 하나님을 믿으며, 그분께 우리를 맡길 수 있다.

결론

하나님의 주권은 그분이 작정하시고, 그 작정하신 뜻을 따라 능력으로 일하신다는 의미다. 믿음은 이러한 하나님의 주권을 신뢰하는 것이다. 그래서 어떤 어려움이 오더라도 흔들리지 않고 하나님을 의지한다. 예수님은 십자가에서 이러한 믿음의 본을 보여 주셨다. 십자가 고통이라는 절체절명의 위기 속에서 자신의 삶을 하나님 아버지의 능력 있는 돌보심에 맡기셨다. 자신이 하나님의 뜻 안에 있음을 알고, 그 하나님의 뜻에 자신의 목숨을 맡기신 것이다.

초대 교회는 예수님의 모범을 따라 이러한 믿음으로 하나님께 충성했다. 갖은 비방과 핍박에도 흔들리지 않고 주님이 주신 사명을 위해 살았다. 자신의 영혼을 하나님께 맡겼으며, 자신의 가족과 교회를 하나님께 맡겼다. 지금은 비록 암울해 보이는 현실이지만, 언젠가는 하나님이 그분의 기쁘신 뜻대로 하나님 나라를 완성하실 것이라는 믿음으로 살았다. 이러한 믿음으로 서로를 격려했다.

묵상과 적용

누가복음 23장 46절에 나오는 예수님의 기도는 시편 31편 5절을 인용한 말씀이다. 제임스 에드워즈(James Edwards)에 따르면, 유대인들은 3가지 경우에 이 기도를 했다.[12] 깊은 슬픔을 만날 때, 잠들기 전에, 죽음을 앞두고 자신의 영혼을 하나님께 맡기는 기도를 했다.

그러나 우리 그리스도인들은 매일 이 기도가 필요하다. "아버지여, 내 영혼을 아버지께 맡깁니다." 내 삶을 아버지께 맡기는 것이고, 내 가정과 교회를 시시때때로 전능하신 하나님, 친절하신 아버지께 맡기는 것이다. 그래서 시편 기자는 이렇게 고백했다.

네 짐을 여호와께 맡기라 그가 너를 붙드시고 의인의 요동함을 영원히 허락하지 아니하시리로다(시 55:22).

네 길을 여호와께 맡기라 그를 의지하면 그가 이루시고(시 37:5).

사도행전 12장을 보면 아주 특이한 장면이 나온다. 감옥에 있는 베드로가 잠들어 있는데, 천사가 와서 깨울 정도로 깊이 잠들었다(행 12:6-7). 천사가 옆구리를 쳐서 깨우자 그제야 베드로는 잠에서 깼다.

그런데 그 밤이 어떤 밤인가? 야고보는 이미 헤롯왕에 의해 처형당했고, 이제 내일이면 베드로도 처형당할 것이다. 바로 죽기 전날 밤이었다. 그 밤에 베드로는 깊이 잠들었다. 어떻게 그럴 수 있을까? 자신이 하나님의 손에 있다는 확신 때문이었다.[13]

신학적 상상력을 동원해 짐작해 보자면, 아마도 베드로는 감옥 안에서 시편 31편 5절을 암송했을 수도 있다. 유대인들이 잠들기 전에 했다는 기도, 죽음을 앞두고 했다는 기도를 드렸을지 모르겠다. 하나님 아버지께 자신의 영혼을 맡기며 잠들었는지 모르겠다.

일찍이 우리 주님도 폭풍이 이는 갈릴리 바다에서 배에 누워 주무셨다(마 8:23-27; 막 4:35-41; 눅 8:22-25). 여기서도 예수님은 참된 믿음의 본을 보여 주셨다.[14] 자신의 삶을 하나님 아버지께 맡기며 주무시고 계셨다. 두려워하며 소리치는 제자들에게 "너희 믿음이 어디 있느냐?" 하며 믿음에 관한 질문을 하셨다. 바람과 파도를 주목할 것이 아니라, 예수님을 주목하고 하나님께 맡기라고 권면하셨다.

이러한 예수님의 교훈이 베드로에게 인상 깊게 남아 있었을 것이다. 그리고 십자가에서조차 자신의 영혼을 아버지께 맡기시는 예수님의 믿음이 그의 삶에 모델이 되었을 것이다. 그래서 베드로는 내일 죽는 날을 앞두고 감옥에서 잠을 잤다.

이와 달리, 21세기 대한민국을 사는 우리는 좀처럼 잘 자지 못한다. 바야흐로 불면의 시대를 살고 있다. 용혜원 시인은《내 마음에 머무는 사람》(나무생각, 2016)에 수록된 "잠들지 못하는 밤"이라는 시에서 다음과 같이 말한다.

신경에 칼날이 섰다
잠들지 못하고 있다
온갖 생각이 다 모여든다
뼈까지 피곤하다

전기 스위치를 올린다
어둠이 싹 사라진다

방 안이 환하다

내 잠도

내 생각의 불빛이 너무 강해

모두 다 달아난 것 아닐까

시인이 잘 지적한 것처럼, 잠을 잘 잘 수 없는 주된 이유는 '내 생각' 때문이다. 내 생각의 불빛이 너무 강해 잠이 달아난다. 내 생각이 너무 강해 신경에 칼날이 섰다. 내 생각을 하나님 생각으로 바꾸는 것이 필요하다. 나를 하나님께 맡기는 것이 필요하다. 내 삶을 하나님께 맡기는 것이다. 혹시 나는 오늘도 잠들지 못하는 밤을 보내고 있지는 않은가?

1 누가복음에서 하나님의 주권을 강조하는 표현들은 어떤 것들이 있는가?

2 예수님이 십자가 위에서 보여 주신 믿음은 특별히 어떤 믿음인가?

3 지금 예수님과 성령이 우리의 믿음을 위해서 어떤 일을 하고 계시는가?

4 하나님의 주권을 믿는다는 것은 우리의 열심을 약화시키는가? 하나님의 주권을 믿는 바른 자세는 무엇일까?

5 지금 나의 삶에서 특별히 하나님께 맡겨야 할 것은 무엇인가? 나는 그러한 믿음으로 살고 있는가?

°5장

새로운 가족을
위한
십자가

예수께서 자기의 어머니와 사랑하시는 제자가
곁에 서 있는 것을 보시고
자기 어머니께 말씀하시되
여자여 보소서 아들이니이다 하시고
또 그 제자에게 이르시되 보라 네 어머니라 하신대
그때부터 그 제자가 자기 집에 모시니라

요 19:26-27

°　　　　　오 헨리(O. Henry)의 작품 중에 《크리스마스
선물》(1906년)이라는 유명한 단편 소설이 있다. 가난하지만 서
로를 깊이 사랑하는 부부가 있었는데, 크리스마스를 맞아 상
대방에게 선물을 하고 싶었다. 아내는 남편의 시계에 멋진 시
계 줄을 선물하고 싶었다. 남편은 아내의 아름답고 긴 머릿결
에 어울리는 빗을 선물하고 싶었다. 그러나 형편이 어려운 두
사람은 수중에 돈이 없었다. 이윽고 남편은 자신의 시계를 팔
아 아내를 위한 빗을 사고, 아내는 자기 머리카락을 잘라 남
편을 위한 시계 줄을 샀다. 크리스마스이브에 두 사람은 서로
의 선물이 엇갈렸다는 사실을 깨달았다. 그들이 눈물을 흘리
면서도 서로의 사랑에 기뻐하며 이야기는 끝난다.

　이 이야기의 원제목은 "동방 박사의 선물"이다. 서로를 사
랑하며 준비한 선물이 동방 박사가 아기 예수님께 드린 선물
만큼 값지다는 뜻이다. 사실 그 부부에게는 서로가 서로에게
최고의 선물이다. 사랑의 끈으로 이어진 가족이야말로 최고

의 선물이다.

가상칠언의 다섯 번째 말씀은 예수님이 주신 또 다른 최고의 선물과 관계가 있다. 예수님이 교회라는 새로운 '가족'을 선물로 주시는 이야기다. 십자가는 하나님의 새로운 가족이 탄생하는 곳이다.

> 예수께서 자기의 어머니와 사랑하시는 제자가 곁에 서 있는 것을 보시고 자기 어머니께 말씀하시되 **여자여 보소서 아들이니이다** 하시고 또 그 제자에게 이르시되 **보라 네 어머니라** 하신대 그때부터 그 제자가 자기 집에 모시니라 (요 19:26-27).

요한복음 19장 26-27절에는 십자가에 달리신 예수님이 그 자리에 함께 있던 어머니와 사랑하시는 제자를 어머니와 아들로 연결시키시는 장면이 나온다.[1] 간혹 어떤 설교자들은 이 장면을 예수님의 효도로 해석한다. 죽는 순간에도 육신의 어머니를 걱정하시어, 제자에게 어머니 봉양을 부탁하시는 예수님을 강조한다. 그리고 우리도 예수님을 닮아 부모를 공경해야 한다고 가르친다.

그러나 예수님은 여기서 과연 효도의 본을 보여 주신 것일까? 숨이 가쁘고 목이 마른 절체절명의 순간에 예수님은 과연 부모 공경을 말씀하신 것일까? 우리는 당연히 부모를 공경해야 하고, 십계명의 다섯 번째 계명을 잘 지켜야 한다. 신약의 교회도 이 일을 소홀히 여기지 않았다(엡 6:1-3; 골 3:20). 다만, 십자가에서 어머니와 사랑하시는 제자에게 하신 예수님의 말씀은 그보다 더 깊은 구원 역사적 의미가 있다. 예수님은 십자가에서 하나님의 새로운 가족을 선언하신 것이다. 예수님의 말씀은 효도에 관한 것이 아니라, 십자가를 통해 하나님의 새로운 가족이 시작된다는 뜻이다. 이러한 본문의 의미를 잘 이해하기 위해 다음의 3가지 해석 원리를 살펴볼 것이다. '여자여' 이해하기, 십자가와 새 창조, 요한복음의 가족 개념 등이다.

'여자여' 이해하기

예수님이 어머니에게 '여자여'라고 부르신 것은 우리를 매우 당황스럽게 한다. 우리 문화에서 이러한 호칭은 여성을 비하하는 부적절한 표현이기 때문이다. 더욱이 어머니에게 이 말을 한다는 것은 결코 상상할 수 없다.

혹자는 여기서 '여자여'는 사실 당시 문화에서 여성에 대한 극존칭이라고 설명하기도 한다. 물론 극존칭까지는 아니더라도 어느 정도 존중의 의미를 가진 것은 맞다.[2] 그래서 요한복음에서도 예수님은 여성들을 존중하시며 이 표현을 쓰셨다(요 4:21, 8:10, 20:15). 그러나 아무리 존중의 의미라도 자신의 어머니에게 이런 표현을 쓴 용례는 당시 문헌에서도 찾아보기 힘들다. 그렇다면 예수님은 어머니에게 왜 이런 표현을 쓰신 것일까?

사실 어머니를 향한 예수님의 이런 호칭은 여기가 처음이 아니다. 가나 혼인 잔치에서 포도주가 떨어졌음을 자신에게 알리는 어머니를 향해 예수님은 "여자여 나와 무슨 상관이 있나이까"(요 2:4)라고 말씀하셨다. 포도주가 떨어진 상황에서 어머니가 예수님께 아들 이상의 활약을 기대하자, 예수님도 그녀를 어머니가 아니라 제3자로 대우하시는 장면이다.[3] 이에 그녀는 하인들에게 "너희에게 무슨 말씀을 하시든지 그대로 하라"고 하면서 제자의 믿음을 보여 주었다(요 2:5). 따라서 '여자여'라는 말은 어머니를 객관화하는 표현이라고 할 수 있다.

이런 이유로 십자가에서 예수님이 어머니를 '여자여'라고 부르신 것은 어머니가 아니라 제3자로 객관화하신 것으로 보아야 한다. 결국 예수님이 어머니와 사랑하시는 제자를 연결하신 것은 제3자들을 서로 연결하신 것이다.[4] 제자와 또 다른 제자가 예수님 안에서 새로운 가족이 된 것이다. 하나님의 새로운 가족의 탄생이다.

십자가와 새 창조

십자가는 요한복음에서 예수님의 구속 사역의 절정이다. 특히 십자가는 새 창조의 결정적 계기가 된다. 십자가를 통해 새 창조의 하나님 나라가 시작된다. 새 창조의 하나님 나라에서는 가족도 새롭게 시작된다. 아버지 하나님과 아들 예수님, 그리고 하나님의 자녀들이 하나님의 새로운 가족을 구성한다. 이런 관점에서 십자가에서 어머니와 사랑하시는 제자를 연결하신 예수님의 말씀을 살펴보자.

십자가와 새 창조의 관계

십자가와 부활은 죽음이 생명으로 바뀌는 위대한 새 창조 사건이다. 새 창조와 관련해 요한복음에는 독특한 표현이 나온다. [5]

마태복음과 마가복음에 따르면, 예수님은 겟세마네에서 기도하신 후 체포되신다(마 26:36; 막 14:32). 누가복음은 여기를 '감람산'이라 한다(눅 22:39). 그런데 요한복음에서는 예수님이 동산에서 체포되신다(요 18:1, 26). 그리고 죽어 묻히시는 곳도 동산이고, 부활하시는 곳도 동산이다(요 19:41, 20:15). 요한복음은 예수님과 동산을 밀접하게 연결시킨다. 다시 말하면, 예수님의 고난과 십자가와 부활이 동산에서 일어났다는 점을 강조한다. 여기에는 첫 창조의 중심에 에덴동산이 있었듯이, 새 창조의 시작인 예수님의 십자가와 부활이 동산에서 일어났다는 것을 암시하려는 의도가 있다.*

새 창조를 나타내는 더 직접적인 표현은 부활하신 예수님이 제자들에게 숨을 내쉬시는 장면에 나온다(요 20:19-23). 유대인들을 두려워하며 문을 잠그고 불안에 떠는 제자들에게 부활하신 예수님이 나타나셔서 평안을 전하셨다. 그리고 예수님은 그들에게 숨을 내쉬며 성령을 주셨다(요 20:22).

그런데 이때 숨을 내쉬는 표현을 위해 사용된 헬라어 '엠퓌사오'는 70인경 창세기 2장 7절에 나오는 단어다. 하나님이 흙으로 아담을 창조하실 때 그 코에 생기를 불어 넣으셨는데, 이때 쓰인 단어가 '엠퓌사오'다. 제자들을 향한 예수님의 성령 주심은 창세기의 첫 창조를 생각나게 하는 새 창조 사건이라는 것을 알 수 있다.

'엠퓌사오'는 또한 에스겔 37장의 마른 뼈 환상에도 나온다. 에스겔이 하나님의 말씀을 대언하자 골짜기에 누워 있던 마른 뼈들에 힘줄이 생기고 살이 오르며 가죽이 덮였다. 그리고 생기가 불어 마침내 마른 뼈들은 거대한 하나님의 군대가

---

* 물론 '동산'(케포스)을 뜻하는 헬라어 단어는 70인경의 '에덴동산'(파라데이소스)을 나타내는 단어와 다르다. 그러나 에스겔서에 따르면, 두 단어는 서로 바꿔 가며 쓸 수 있는 단어다(70인경 겔 36:35).

되었다. 이 환상은 포로로 잡혀 절망 가운데 있던 에스겔과 이스라엘에게 주신 하나님의 회복의 약속이다. 새 창조의 약속이다. 이때 생기가 불어 죽은 사람들이 살아나는 장면에 쓰인 단어가 '엠퓌사오'다(겔 37:9). 따라서 예수님이 제자들에게 성령을 주시는 장면은 죽은 사람들이 살아나고, 새로운 이스라엘이 시작되는 것을 암시한다.

바로 이러한 십자가와 부활 사건 현장에서 예수님은 새로운 가족의 탄생을 선언하셨다. 어머니와 사랑하시는 제자를 하나님의 새로운 가족으로 창조하신 것이다. 첫 창조에서 아담과 하와로 구성된 가족이 시작되었듯이, 이제 새 창조에서도 가족이 시작된다. 그것은 예수님을 영접한 사람들로 구성된 하나님의 새로운 가족이다.

십자가와 가족의 관계

그런데 여기서 좀 더 고려해야 할 사항이 있다. 예수님은 왜 이러한 선언을 십자가 위에서 하신 것일까? 호흡하기도 힘드시고 말하는 것은 더욱 힘드셨을 텐데, 예수님은 왜 이런 절체절명의 순간에 새로운 가족을 선언하신 것일까? 시간이 좀 여유로울 때 갈릴리에서 하셔도 되고, 본격적으로 고난당하기 전 예루살렘에서 하실 수도 있었다. 그런데 예수님은 십자가 위에서 '가족'을 언급하셨다. 이유가 무엇일까?

본문이 말해 주지 않기 때문에 정확하게 알 수는 없지만, 무엇보다 십자가가 의미하는 속죄와 연관이 있을 것이다. 예수님은 세상 죄를 지고 가는 하나님의 어린양으로서 십자가에 달리셨다(요 1:29). 그분을 믿는 자들의 죄 용서를 위해 죽으신 것이다. 따라서 예수님이 십자가에서 가족을 말씀하신 것은 십자가의 속죄를 믿는 사람이 가족이 된다는 의미다. 예수님을 믿고 죄 용서를 받은 사람이 새롭게 태어나서 예수님이 세우시는 가족의 구성원이 된다는 뜻이다.

따라서 십자가는 하나님의 가족의 기초다. 십자가 없이는 하나님의 새로운 가족도 없다. 오직 십자가의 죄 용서를 통과한 사람만이 하나님의 가족에 소속될 수 있다.

십자가는 또한 하나님의 자녀의 가치를 말해 준다. 하나님 아버지께서는 독생자를 희생시키면서 믿는 자로 하여금 하나님의 가족의 구성원이 되게 하셨다. 따라서 하나님을 아버지로 모시는 하나님의 자녀는 소중한 가치를 지닌 존귀한 자다. 독생자의 피의 대가로 자녀가 되었기 때문이다.

그러므로 십자가에서 하신 예수님의 가족 선언은 죄 용서가 하나님의 가족을 위한 필수 요소라는 사실을 말해 줄 뿐만 아니라 하나님의 자녀가 얼마나 존귀한 존재인지를 알려 준다.

다른 한편, 십자가는 하나님의 가족 안에서 그분의 자녀들이 서로를 대하는 방식을 말해 준다. 우리는 십자가의 정신으로 서로를 대해야 한다. 자기를 부인하고 형제자매를 섬기면서 하나님의 가족을 세워 가야 한다. 예수님은 "내가 너희를 사랑한 것같이 너희도 서로 사랑하라"(요 13:34, 15:12)라고 하셨다. 예수님의 사랑은 십자가 사랑이다. 자기를 낮추는 사랑이고, 겸손한 사랑이다. 예수님은 제자들의 발을 씻기시며 친히 그 본을 보여 주셨다(요 13:1-17). 예수님의 사랑은 다른 사람을 높이고 세워 주는 사랑이다.

따라서 우리의 사랑은 외롭고 힘든 형제자매에게 "너는 혼자가 아니야"라고 말하며 함께 있어 주는 사랑이다. 세상의 편견과 압박에 시달리는 형제자매에게 "나는 네 편이야"라고 응원해 주는 사랑이다. 하나님의 가족은 세상 사람과 같은 눈으로 상대방을 평가하고 비판하기보다, 상대방을 이해하고 지지해 주는 형제자매들의 공동체다.

실제로 예수님의 어머니 마리아는 곧 아들을 잃게 된다. 아들을 잃는 것만큼 사람에게 큰 고통이 어디 있을까. 예수님의 사랑하시는 제자인 요한은 그런 마리아를 위로하며 격려했을 것이다. 또한 요한도 곧이어 그의 형 야고보를 잃는다. 사도행전에 따르면, 야고보는 아주 이른 시기에 사도들 중에 가장 먼저 순교했다(행 12:2). 예수님의 어머니 마리아는 형을 잃은 고통 가운데 있는 요한을 위로하고 격려했을 것이다. 이러한 위로와 격려의 공동체가 하나님의 가족이다.

이 같은 십자가의 정신은 결국 나 스스로를 세워 준다. 십자가는 나를 대하는 방식을 바꾼다. 서로 위로하고 격려하는 가운데 나는 혼자가 아니라는 것을 경험한다. 함께하는 하나님의 가족이 있다는 것에 영적 안정감을 갖는다. 사랑하는 사람이 사랑받게 되어 사랑의 선순환이 이루어진다. 이러한 사랑의 가족 공동체를 이루는 핵심 요소는 십자가다. 자기를 부인하고 낮추는 십자가의 겸손이다.

그러므로 우리 서로서로에게 말해 주자. 너는 혼자가 아니라고. 그리고 나 자신에게도 말해 주자. 나는 혼자가 아니라고. 십자가의 사람, 하나님의 가족은 혼자가 아니다. 우리는 함께 간다.

요한복음의 가족 개념

아버지 - 아들 - 자녀들

하나님의 가족은 십자가에서 갑자기 등장한 개념이 아니다. 요한복음 전체에 걸쳐 여기저기 빈번하게 나온다.

먼저, 요한복음만큼 '아버지'와 '아들'이라는 말이 자주 나오는 성경은 없다. 요한복음은 하나님과 예수님을 '아버지'와 '아들'로 설명한다. 아버지는 아들 안에 계시고, 아들은 아버지 안에서 아버지께 보고 들은 것을 말씀하신다(요 5:19-20, 17:21). 아버지와 아들은 하나이시며(요 10:30), 서로를 영화롭게 하신다(요 17:1). 아들은 아버지를 대신하시며, 아버지의 어떠하심을 세상에 보여 주신다(요 14:9). 이러한 아버지와 아들의 친밀한 관계는 하나님의 가족의 하나 됨의 모델이 된다(요 17:21-22).

또한 예수님을 영접한 자는 하나님의 자녀가 된다(요 1:12). 하나님의 가족 안에서 하나님은 아버지이시고, 예수님은 독생자이시며, 그리고 아들을 영접한 자는 하나님의 자녀가 된다. 이러한 하나님의 가족은 혈통이나 육정이나 사람의 뜻으로 되는 것이 아니다(요 1:13). 육신의 가족과 구별되는 영적인 가족이라는 말이다. 하나님께로부터 태어나는 것이다. 하나님의 주권과 은혜로 이루어지는 출생이다.

성령에 의한 출생

하나님의 자녀의 영적 출생은 다른 말로 '물과 성령'에 의한 출생이다(요 3:3, 5). 여기서 '물'이 무엇을 상징하는지에 대해 여러 가지 의견이 있지만, '물, 즉 성령'으로 번역되어 성령의 역할을 강조한다고 볼 수 있다.* 하나님의 자녀가 되는 것

---

* '물과 성령'에서 '~과'로 번역된 헬라어 '카이'는 'and'(~과)로도 번역되지만, 'namely'(즉)로 번역될 수도 있다.

은 성령의 역사가 아니면 안 된다. 하나님의 주권과 은혜는 성령의 역사로 나타난다. 성령이 각 사람의 마음에 믿음을 일으키셔야 한다. 그리하여 믿음으로 하나님의 자녀, 하나님의 가족이 된다(요 1:12).

한편, 물과 성령으로 거듭나는 것은 에스겔 36장 25-27절을 배경으로 한다. 에스겔 36장에서 하나님은 새로운 이스라엘을 창조하겠다고 하신다. 그리고 37장에서 마른 뼈가 살아나는 환상을 보여 주신다. 이때 이스라엘은 물과 성령으로 새롭게 된다.

> 맑은 **물**을 너희에게 뿌려서 너희로 정결하게 하되 곧 너희 모든 더러운 것에서와 모든 우상 숭배에서 너희를 정결하게 할 것이며 또 새 영을 너희 속에 두고 새 마음을 너희에게 주되 너희 육신에서 굳은 마음을 제거하고 부드러운 마음을 줄 것이며 또 **내 영**을 너희 속에 두어 너희로 내 율례를 행하게 하리니 너희가 내 규례를 지켜 행할지라(겔 36:25-27).

'맑은 물'로 정결하게 되어야 한다. 이것은 성령을 통한 죄 씻음이라 할 수 있다. 자신의 죄를 깨닫고 회개하여 죄를 용서받는다. 하나님의 '영'으로 마음이 새롭게 되어야 한다. 이것은 성령으로 자신의 비참함을 깨닫고 마음으로 예수 그리스도를 받아들이고 의지하는 것이다(요 1:12).[6] 이렇게 하나님의 자녀는 성령으로 다시 태어나야 한다.

'거듭나다'(요 3:3)라는 말은 '위로부터 태어나다'로 해석할 수 있다. 왜냐하면 '거듭'으로 번역된 헬라어 '아노뗀'에는 '위로부터'라는 뜻이 있기 때문이다(참고. 요 19:11, 23). 따라서 물과 성령으로 태어나는 것은 위로부터 태어나는 것이고, 곧 하나님에 의해 태어난다는 의미다.[7] 그래서 우리는 믿을 수 있고, 하나님의 자녀로서 하나님의 가족이 될 수 있다(요 1:12).

세족과 가족

예수님은 십자가에 달리시기 전에 제자들의 발을 직접 씻기시면서 하나님의 가족의 운영 원리를 보여 주셨다(요 13:1-17).

> 내가 주와 또는 선생이 되어 너희 발을 씻었으니 너희도 서로 발을 씻어 주는 것이 옳으니라(요 13:14).

세족은 원래 이스라엘 문화에서 자신의 집에 온 손님을 환대하는 풍습이다.[8] 손님이 발에 묻은 먼지를 닦아 정결하게 하고, 편안하게 쉬도록 하기 위해 주인은 물을 제공한다. 종으로 하여금 손님의 발을 씻도록 하거나 극진한 대접을 위해 주인이 직접 발을 씻어 주기도 한다. 아무튼 세족은 새로운 사람을 자신의 집으로 받아들이며 환대하는 행위다.

그런데 예수님은 직접 제자들의 발을 씻기셨다. 종의 자리로 가서서 겸손하게 제자들을 새로운 가족으로 환영하신 것이다. 새로운 하나님의 가족의 운영 원리를 겸손한 섬김으로 제시하셨다.

예수님의 형제

십자가에서 새로운 가족을 선언하신 예수님은 부활 후에 이제 그분의 제자들을 향한 호칭을 바꾸신다. 부활하신 예수님은 무덤가에서 울고 있는 막달라 마리아에게 나타나셨고, 부활하신 자신의 몸을 보여 주셨다. 그리고 제자들에게 가서 자신의 부활을 알리라고 명령하셨다. 이때 예수님은 "너는 내 형제들에게 가서 이르되"(요 20:17)라고 말씀하셨다. 여기서 말하는 '형제들'은 예수님의 육신의 형제들을 가리키지는 않을 것이다. 예수님의 제자들을 가리킨다. 아니나 다를까, 다음 구절에 마리아가 제자들에게 예수님의 부활을 알리는 내용이 나온다(요 20:18).

이 본문은 요한복음에서 예수님이 제자들을 '형제'로 부르시는 최초의 장면이다(참고. 마 28:10). 십자가와 부활을 통해 예수님의 새로운 가족이 시작되었음이 분명히 드러난다.

신약의 가족 개념

'가족'은 신약 전체에서 예수님의 제자들, 즉 그분의 교회를 나타내는 대표적인 개념이다. 다시 말하면, "예수님의 새로운 가족으로서 교회"는 요한복음만의 독특한 주제는 아니다. 물론 요한복음만큼 이 주제를 강조한 성경은 없지만, 신약 전체에 이 개념은 골고루 퍼져 있다.

다른 복음서에 나오는 예수님의 새로운 가족

요한복음만큼 강하게 드러나지는 않지만, 다른 복음서에도 예수님의 새로운 가족에 대한 언급이 분명히 나온다(마 12:46-50; 막 3:31-35; 눅 8:19-21).

어느 날 예수님의 어머니와 형제자매들이 예수님을 찾아왔다. 제자 중 한 사람이 예수님께 가족들이 찾아왔음을 알리자, 예수님은 뜻밖의 대답을 하셨다.

> 누가 내 어머니이며 내 동생들이냐 … 누구든지 하늘에 계신 내 아버지의 뜻대로 하는 자가 내 형제요 자매요 어머니이니라(마 12:48-50).

가히 혁명적인 말씀이다. 예수님은 육신의 혈통에 따른 가족 관계를 거부하시고, 아버지의 뜻을 기준으로 새로운 가족을 선언하셨다. 예수님을 하나님께로부터 온 그리스도로 믿고, 그 믿음에 따라 하나님의 뜻을 행하는 자가 예수님의 진정한 가족이라 하셨다.

마태복음은 이어서 천국 비유를 다루고(마 13:1-52), 고향에서 배척받으시는 예수님을 묘사한다(마 13:53-58). 이러한 이야기 흐름은 대칭 구조(A-B-A′)를 형성해 예수님이 전파하시는 천국이 가족 됨과 연결된다는 것을 보여 준다. 그 가족은 믿음과 행함에 기초한다.

> A 예수님의 새로운 가족(마 12:46-50)
>
> B 천국 비유(마 13:1-52)
>
> A′ 고향에서 배척받으심(마 13:53-58)

천국은 예수님의 육신의 혈통이나 가까운 고향 지인이라고 해서 들어갈 수 있는 것이 아니다. 예수님의 가족이 천국에 들어간다. 누가 예수님의 가족이 될 수 있는가? 마태복음 12장 50절은 '하나님 아버지의 뜻대로 하는 자'라고 한다. 그런데 마태복음 13장 58절에는 예수님이 고향에서 사람들이 믿지 않음으로 말미암아 많은 능력을 나타내지 않으셨다고 기록되어 있다. '아버지의 뜻을 행하는 것'과 '예수님을 믿음으로 받아들이는 것'이 앞뒤에 수미상관으로 나온다. 믿음은 행함으로 이어져야 한다는 신앙 원리를 보여 준다. 즉 예수님을 믿으면 그분의 새로운 가족이 되고, 그 가족은 아버지의 뜻을 따라 행한다는 의미다.

바울 서신에 나오는 예수님의 새로운 가족

사도 바울은 이방인 중심인 에베소 교회의 성도들을 향하여 그들이 이제 하나님의 권속이 되었다고 선언했다(엡 2:19). '권속'은 헬라어 '오이케이오스'를 번역한 단어인데, 우리말로 '가족'이라 할 수 있다. 그들은 전에 무할례자라고 무시당하고, 세상에 소망도 없고, 하나님도 없는 자들이었다. 공중의 권세 잡은 자를 따랐으며, 육체와 마음의 원하는 것을 하는 본질상 진노의 자녀들이었다. 그런데 긍휼이 풍성하신 하나님이 그리스도 안에서 그들을 참 이스라엘로 부르시고, 하늘 보좌에 앉는 영광스런 지위를 주셨다. 그래서 그들은 하나님의 가족이 되었다.

바울은 또한 에베소에서 목회하는 디모데에게 편지를 쓰면서 '하나님의 가족'을 언급했다. 우리말로 하나님의 '집'이라고 번역된 헬라어 '오이코스'는 건물도 될 수 있고, 가족도 될 수 있다. 대부분의 영어 성경은 '가족'이라는 뜻으로 'household'라 한다.

만일 내가 지체하면 너로 하여금 **하나님의 집**에서 어떻게 행하
여야 할지를 알게 하려 함이니 이 집은 살아 계신 하나님의 교
회요 진리의 기둥과 터니라(딤전 3:15).

따라서 '하나님의 집'은 '하나님의 가족'으로 볼 수 있고, 그
것이 곧 교회다. 바울은 디모데가 교회를 섬기고 목양을 할
때 하나님의 가족을 돌보듯이 섬기라고 권면했다. 이어서 교
회 안에 있는 나이 드신 분들을 대할 때 아버지와 어머니에게
하듯 하고, 젊은이에게는 형제에게 하듯 하고, 젊은 여자에게
는 자매에게 하듯 하라고 권면했다(딤전 5:1-2).

결론

예수님은 십자가에서 하나님의 새로운 가족을 선언하셨다.
어머니와 사랑하시는 제자가 십자가 안에서 하나님의 새로운
가족이 되었음을 알려 주셨다. 이와 같이 우리는 십자가에서
하나님의 가족이 될 수 있다. 십자가의 보혈로 정결하게 된
사람만이 하나님의 자녀가 될 수 있다. 예수님의 보혈의 은혜
를 입은 사람은 하나님께 누구보다 소중하다. 독생자의 희생
으로 세워진 자녀이기 때문이다. 따라서 교회는 십자가로 정

결하게 된 소중한 하나님의 가족 공동체다.

이때 우리는 예수님의 본을 따라 십자가의 정신으로 서로를 겸손하게 섬겨야 한다. 자기를 부인하고 상대방을 세워 주는 하나님의 자녀가 되어야 한다. 그럴 때 우리 각자는 자신이 혼자가 아님을 깨닫게 되고, 하나님의 가족의 구성원으로서 소속감과 자존감을 갖게 된다. 결국 서로 사랑하고 서로 응원하는 가운데 건강한 하나님의 가족을 세울 수 있다. 이것이 예수님이 다른 곳이 아니라 십자가 위에서 하나님의 새로운 가족을 선언하신 뜻이다.

묵상과 적용

인간의 외로움에 대해서는 앞서 1장에 이미 언급한 바 있다. 외로운 인생, 외로운 신앙의 길에 임마누엘 하나님이 함께하신다는 복음을 이야기했다. 그런데 하나님의 또 다른 계획이 있다. 그것은 믿음의 가족이다. 하나님이 함께하시는 신앙의 길을 나와 함께 걷는 믿음의 가족이 있다. 나는 혼자가 아니다.

"세한도"라는 그림은 추사 김정희가 그의 제자 이상적에게 그려 보낸 작품이다. 추사는 1840년 그의 나이 55세에 제주도에 유배되었다. 한양에서 먼 제주도에 절도안치된 것으로 보아 김정희의 죄목은 결코 가볍지 않았던 것 같다. 때문에 평소 그와 가까이하던 사람들이 연락을 끊었고, 김정희는 먼 타지에서 외로운 유배 생활을 했다.

그런데 역관이었던 그의 제자 이상적은 다른 사람들과 달랐다. 명나라에 수소문하여 스승인 김정희가 좋아할 만한 유명한 서책을 사서 여러 번 제주도로 보내 주었다. 이에 김정희는 스승에 대한 변함없는 존경을 표한 이상적에게 감사의 글과 그림을 보냈는데, 그 그림이 "세한도"다.

세한도에는 소박한 집 한 채, 그리고 그 옆에 소나무와 잣나무가 서 있다. 집 주위에 다른 것은 없다. 한겨울에 오직 소나무와 잣나무만 그 집을 든든하게 지키고 있다. 소나무와 잣나무의 푸르름은 겨울이 되어서야 분명하게 표가 난다. 여름에는 모든 나무가 푸르러 소나무와 잣나무의 진가를 잘 알기 힘들다. 그런데 겨울이 되면 표가 난다.

아마도 김정희에게는 제자 이상적이 소나무와 잣나무 같은 존재였던 것 같다. 조정에서 잘나갈 때는 주위에 사람이 많아서 누가 진정한 친구인지 알기가 쉽지 않았다. 그런데 어려운 일을 당해 보니, 이제 진짜 친구를 알 수 있었다. 김정희는 "세한도" 그림 옆에 이상적에게 이렇게 썼다.

이보게. 소나무와 잣나무는 사계절에 상관없이 시들지 않는 나무들이네. 추워지기 전에도 소나무와 잣나무이고 추워진 뒤에도 똑같은 소나무와 잣나무인데, 성인께서는 특히 추워진 뒤에 그들을 칭찬하셨지. 지금 자네가 나를 대하는 것이 이전에도 더함이 없고, 이후에도 덜함이 없네.[9]

내게 좋은 일이 생겼을 때 진심으로 기뻐해 주고, 슬픈 일이 생겼을 때 자기 일인 양 함께 아파해 주는 사람을 찾기란 쉽지 않다. 오히려 좋은 일이 생기면 시기하고, 힘든 일이 생기면 비난한다. 이러한 세상에서 주님이 우리를 가족으로 불러 주셨다. 교회는 서로를 응원해 주고, 서로에게 힘이 되어 주는 가족 공동체다.

유명 아이돌 가수가 자살했다는 뉴스로 전국이 떠들썩하던 어느 날, 한 일간지는 심리 상담으로 유명한 어느 정신과 의사의 인터뷰를 실었다. 그 의사는 유명을 달리한 가수의 죽음을 안타까워하며 "누군가 마음을 집중해 주는 한 사람만 있으면 그 사람은 죽지 않는다"라고 인간 심리를 말했다.

의사의 말이 맞다면, 결국 그 가수는 자신을 알아 주고 지지해 주는 한 사람이 없었던 것이다. 화려한 조명 아래 대중의 인기는 얻었을지 몰라도, 그를 진심으로 아껴 주는 한 사람이 없었다. 그가 예수님을 알았더라면, 예수님의 새로운 가족을 경험했더라면 얼마나 좋았을까. 그랬다면 각박한 세상에서 힘을 얻고, 그 또한 다른 사람을 세워 주는 멋진 인생이 되지 않았을까. 그러므로 교회인 우리는 서로에게 말해 주자. "당신은 혼자가 아니다. 나는 당신의 편이고, 나는 진심으로 당신을 응원한다." 그렇게 서로 섬기고, 서로 존중하며, 서로 사랑하는 하나님의 가족을 이뤄 가자.

| 토론과 나눔을 위한 질문 |

1 예수님 당시 '여자여'라는 호칭은 어떤 용도로 쓰였으며, 예수님은 어머니에게 왜 이 호칭을 사용하셨을까?

2 십자가와 부활은 어떤 면에서 새 창조와 관련이 있는가?

3 예수님은 왜 십자가에서 어머니와 사랑하시는 제자를 가족으로 연결시키셨을까?

4 요한복음 이외에 신약 성경에서 예수님의 새로운 가족으로서 교회의 모습은 어떻게 나타나는가?

5 내가 속한 교회나 신앙 공동체는 건강한 하나님의 가족이 되기 위해 무엇이 필요한가? 이를 위해 나는 무엇을 할 수 있을까?

°6장

목마름 해소를
위한
십자가

그 후에 예수께서
모든 일이 이미 이루어진 줄 아시고
성경을 응하게 하려 하사
이르시되 내가 목마르다 하시니

요 19:28

° 우리 몸은 대략 70-90%가 수분으로 이루어
져 있다. 나이가 어릴수록 수분이 많고, 연령이 높을수록 수
분이 적다. 환경부 물 환경 정보 시스템에 의하면, 만약 우리
몸에 물이 1-3%가 부족하면 심한 갈증이 나고, 5%가 부족하
면 혼수상태에 빠지고, 12%가 부족하면 죽게 된다.[1] 따라서
물은 생명과 직결된다. 생수를 마셔야 살 수 있다. 목마를 때
탄산음료를 마시면 당장은 시원할 수 있다. 그러나 카페인과
인산 때문에 오히려 탈수 증상이 온다.[2] 생수를 마셔야만 목
마름이 해결된다.

우리 영혼도 마찬가지다. 영혼의 생수를 마셔야만 살 수 있
다. 예수님은 우리의 목마름을 해결하고 우리에게 생수를 주
기 위해 십자가를 지셨다.

> 그 후에 예수께서 모든 일이 이미 이루어진 줄 아시고 성경
> 을 응하게 하려 하사 이르시되 **내가 목마르다** 하시니(요 19:28).

요한복음에 나오는 예수님의 두 번째 십자가 말씀은 '목마름'에 관한 것이다.[3] 예수님은 십자가에서 목마른 고통을 호소하셨다. 십자가에 달리신 예수님의 목마름은 이루 말할 수 없었을 것이다. 채찍으로 고문당할 때부터 피를 흘리셨고, 십자가에 못 박히신 후 출혈은 더욱 심해졌다. 장시간 물을 마시지 못한 채 골고다까지 십자가를 지고 가신 예수님은 몸속의 다량의 수분을 소진하셨다. 더욱이 한낮의 뜨거운 햇볕 아래에서 십자가에 달려 계셨기 때문에, 예수님은 극심한 목마름을 겪으셨다.

그러나 다른 고통도 있었을 텐데, 왜 하필 목마른 고통을 말씀하셨을까? 채찍에 맞은 아픔도 있었을 것이고, 손과 발에 못이 박힌 고통도 있었을 것이다. 그런데 왜 예수님은 다른 고통을 언급하지 않으시고 목마름만을 이야기하셨을까? 여기에 대한 답을 찾기 위해 구약의 성취로서 목마른 고통, 구약과 신약의 목마름, 그리고 요한복음의 목마름에 대해 살펴보자.

구약의 성취

요한복음 저자가 직접 19장 28절에서 예수님이 목마르다고 하신 이유를 설명한다. "성경을 응하게 하려 하사"라고 기록

했다. 즉 예수님은 성경을 성취하기 위해서 목마르다고 하셨다. 그렇다면 구약의 어떤 구절이 여기서 성취된 것일까? "내가 목마르다"라는 말씀이 문자적으로 동일하게 나오는 구약 본문은 없다. 그럼에도 시편 69편 21절(70인경 시 68:22)일 가능성이 가장 높다. *

> 그들이 쓸개를 나의 음식물로 주며 목마를 때에는 초를 마시게 하였사오니(시 69:21).

시편 69편 21절이 요한복음 19장 28절의 배경인 이유는 다음과 같다.

첫째, 문자적으로 가장 유사하다. 시편 69편 21절은 70인경에서 시편 68편 22절로 나온다. 여기서 '초'는 '신 포도주'(옥소스)로 번역되고, 또한 '목마름'(딮소스)이라는 명사가 나온다. 요한복음 19장 28절과 두 개의 단어가 유사하다('옥소스'와 '딮소스'의 동사형인 '딮사오'). 이보다 더 문자적으로 유사한 구약 본문은 없다.

둘째, 시편 69편은 앞서 이미 요한복음의 다른 본문에서 인

---

* 히브리어 구약 성경과 한글 번역, 그리고 헬라어 구약 성경(70인경)은 같은 내용이지만 그 구절 표기가 가끔 다를 때가 있다. 히브리어 구약 성경은 시편 69편 22절이라 하는데, 이것을 헬라어로 번역하면서 시편 68편 22절로, 그리고 한글 번역에서는 시편 69편 21절로 표기했다.

용되어, 예수 그리스도 안에서 시편 69편이 성취된다는 것이 드러났다. 요한복음 저자는 예수님이 성전을 정화하시는 사건을 묘사하면서 시편 69편 9절을 언급했다.

제자들이 성경 말씀에 주의 전을 사모하는 열심이 나를 삼키리라 한 것을 기억하더라(요 2:17).

다윗은 고통 중에 예배를 향한 열정을 표출했는데, 요한복음은 이러한 다윗의 열정이 예수 그리스도 안에서 성취된다고 했다.[4] 성전이 제대로 된 기능을 하지 못하는 모습에 분노하시는 예수님의 모습이 예배의 회복에 대한 거룩한 갈망이라고 이야기했다.

또한 예수님은 사람들이 자신을 미워하는 현실을 보시며, 이것은 시편 69편 4절의 성취라고 하셨다.

그러나 이는 그들의 율법에 기록된 바 그들이 이유 없이 나를 미워하였다 한 말을 응하게 하려 함이라(요 15:25).

다윗은 그의 대적자들이 까닭도 없이 자신을 미워하는 상황을 호소했는데, 예수님은 다윗의 고통스러운 상황이 자신의 삶에서 성취된다고 하셨다. 따라서 시편 69편 21절이 요한복음 19장 28절에서 성취된 것으로 보는 것은 요한복음 문맥에서 전혀 어색하거나 이상하지 않다. 그러므로 십자가에서 예수님이 호소하신 목마른 고통은 시편 69편과 연결하여 해석해야 제대로 이해할 수 있다.

그러면 시편 69편에서 다윗이 당한 구체적인 고통은 무엇이고, 이것은 어떤 의미에서 예수님 안에서 성취된 것일까?

다윗의 고통

시편 69편에서 다윗이 당한 목마름의 고통은 단순히 육체의 목마름만을 의미하지 않는다. 육체의 목마름에 이르게 된 두 가지 핵심 고통이 있다.

먼저, 사람들과의 관계에서 오는 고통이다. 이유도 없이 자신을 미워하는 자가 머리털보다 많았다(시 69:4). 그들은 다윗을 비방하며 모욕했다(시 69:7, 12). 그들은 수군거리며 다윗을 조롱했다(시 69:10-11). 그래서 다윗은 수치를 당하고 마음이 상했다(시 69:19-20). 심지어 그의 형제들조차 그를 외면해 심한 외로움이 다윗을 둘러쌌다(시 69:8). 다윗은 이러한 상황을 설 곳이 없는 깊은 수렁에 빠진 것으로, 깊은 물에 들어가 큰 물이 자신에게 넘치는 것으로 표현했다(시 69:2). 그래서 그의 영혼은 이루 말할 수 없는 고통 가운데 있다고 했다(시 69:1). 이와 같이 사람들이 다윗을 힘들게 했다.

그러나 다윗이 가장 힘들었던 것은 하나님께로부터 오는 영적 고통이었다. 아무리 하나님께 부르짖어도 응답하지 않으셨기 때문이다. 그래서 계속 반복적으로 "응답하소서"라고 말했다(시 69:13, 16, 17). 특히 하나님께 주의 얼굴을 숨기지 말아 달라고 하는데, 이것이 다윗의 가장 큰 고민이었다(시 69:17).

구약에서 하나님의 구원은 그분의 얼굴을 드러내시는 것으로 묘사된다. 하나님의 얼굴에서 하나님의 백성을 향한 은혜와 평강이 나온다(민 6:24-26). 반대로 하나님이 얼굴을 가리시는 것은 하나님의 백성을 돌보지 않으시겠다는 뜻이요, 진노와 심판의 의미다(신 31:17-18, 32:20; 대하 30:9; 욥 13:24; 사 54:8). 그래서 다윗의 영적 고통이 다음과 같이 표현된다.

> 내가 부르짖음으로 피곤하여 나의 목이 마르며 나의 하나님을 바라서 나의 눈이 쇠하였나이다(시 69:3).

여기서 목이 '마르다'라는 말은 목이 아플 정도로 바싹 마르고 타는 것을 뜻한다.[5] 다윗이 목이 탈 정도로 하나님께 부르짖었으나 하나님은 얼굴을 가리시고 아무런 응답을 하지 않으셨다.

예수님의 고통

예수님이 당하시는 고통도 마찬가지였다. 십자가에서 예수님이 겪으신 목마름은 기본적으로 당연히 육체적 고통이었다. 그러나 여기에는 또한 사람들로부터 오는 고통이 있었고, 하나님의 진노의 심판으로부터 오는 고통이 있었다.

먼저, 사람들에게 당하는 고통부터 살펴보자. 요한복음에서 예수님은 사람들로부터 거절을 당하셨고(요 1:11), 미쳤다는 소리를 들으셨다(요 10:20). 대제사장들과 바리새인들은 끊임없이 예수님을 잡아 죽이려 했다(요 7:25, 32, 44, 11:53). 유대인들이 이렇게 위협하는데도 예수님의 형제들은 그분을 이해하지 못하고, 오히려 떳떳하게 세상에 자신을 드러내라고 요구했다(요 7:1-5).

예수님의 제자들은 어떠한가? 도무지 예수님의 말씀을 깨닫지 못하고(요 11:12, 13:8, 14:5, 8), 베드로는 부인하고(요 18:17, 25, 27), 유다는 배신했다(요 18:3). 예수님을 혼자 두고 모두 뿔뿔이 흩어졌다. 재판받고 십자가에 달리시는 장면에서도 예수님은 수치와 모욕을 당하셨다. 대제사장의 아랫사람이 예수님을 손으로 쳤으며(요 18:22), 군인들은 예수님을 희롱하며 구타했다(요 19:1-3). 그리고 마침내 예수님을 벌거벗겨 나무에 매달았으며, 그 밑에서 그들은 예수님의 옷을 나누었다(요 19:18, 23).

다른 한편, 예수님은 십자가에서 하나님께로부터 오는 고통을 당하셨다. 유월절 양으로서 하나님의 심판을 받으셨다. 유월절 양은 하나님의 사자가 애굽을 관통하여 심판할 때 이스라엘 백성을 대신해서 죽었다. 그 피를 문설주와 인방에 바른 이스라엘 백성은 심판에서 구원받아 생명을 얻었다.

요한복음은 이와 같이 하나님의 진노의 심판을 받은 유월절 양이신 예수님을 묘사한다. 요한복음 전체에서 예수님의 죽음이 암시된 곳에 계속 유월절이 언급된다(요 2:13, 23, 6:4, 11:55, 12:1, 13:1, 18:28, 39, 19:14). 그리고 예수님의 사역의 시작과 끝에 그분이 유월절 양으로 죽으신다는 표현이 나온다. 요한복음 1장 29절에서 세례 요한은 예수님을 가리켜 '세상 죄를 지고 가는 하나님의 어린양'이라고 말했다.

> 이튿날 요한이 예수께서 자기에게 나아오심을 보고 이르되 보라 세상 죄를 지고 가는 하나님의 어린양이로다(요 1:29).

세례 요한이 언급한 '하나님의 어린양'의 배경에 대해 다양한 주장이 있는 것은 사실이지만, 유월절 양이 배경이 된다는 점을 부인하는 사람은 거의 없다.[6] 또한 요한복음 19장 36절에서 요한복음 저자는 예수님의 시신의 뼈가 꺾이지 않은 것은 성경을 성취하기 위한 것이라고 기록했는데, 이것도 유월

절과 관련이 있다.[7]

> 군인들이 가서 예수와 함께 못 박힌 첫째 사람과 또 그 다른 사
> 람의 다리를 꺾고 예수께 이르러서는 이미 죽으신 것을 보고 다
> 리를 꺾지 아니하고 … 이 일이 일어난 것은 그 뼈가 하나도 꺾
> 이지 아니하리라 한 성경을 응하게 하려 함이라(요 19:32-33, 36).

요한복음 19장 36절은 유월절 양의 사체에 관한 율법의
규례를 성취하는 말씀이다. 율법에 양의 사체는 그 뼈를 꺾
지 말라고 되어 있다(출 12:46; 민 9:12). 따라서 예수님은 유월
절 양으로 사역을 시작하시고, 유월절 양으로 사역을 마치셨
다. 예수님은 십자가에서 유월절 양으로서 하나님의 심판을
받으셨다.

이상과 같이 시편 69편을 배경으로 요한복음 19장 28절을
해석해 보면, 예수님의 십자가 목마름은 단순히 그분의 육체
적 고통만을 가리키지 않는다. 오히려 더 크고 깊은 고통이 내
포되어 있다. 그것은 사람들로부터 당하는 관계의 고통이며,
또한 하나님의 진노의 심판을 당하는 영적 고통이다.

예수님은 십자가에서 이런 고통을 당하심으로 예수님을
믿는 자가 이런 고통을 당하지 않게 하셨다. 십자가의 목마름
을 믿는 자에게는 목마름의 고통이 없다는 뜻이다. 그는 하

나님과의 친밀한 연합으로 풍성한 생수를 마신다. 사람들로부터 오는 관계의 고통에서 해방된다. 그리고 육체도 다시 죽지 않고 영원히 살게 된다. 물론 이러한 구원은 새 하늘과 새 땅에서 온전히 이루어진다. 그러나 신자는 이 땅에서부터 그리스도 안에서 성령으로 말미암아 이런 구원을 부분적으로 맛본다.

구약과 신약의 목마름

하나님의 심판으로서 목마름

"목마름"은 구약과 신약을 관통하는 중요한 성경신학적 주제다. 특히 구약에서 목마름은 하나님의 심판으로 나온다. 하나님이 불경건하고 패역한 이스라엘을 심판하실 때 목마름을 주셨다. 다시 말하면, 물을 주지 않으셨다.

예를 들어, 아합은 그 이전의 모든 사람보다 더 악을 행하고 바알을 위해 제단을 쌓았다. 이에 하나님은 엘리야를 통해 아합에게 물(비)을 주지 않겠다고 하셨다(왕상 17:1).

목마름의 심판이 나오는 대표적인 본문은 예레미야 14장이다. 남유다는 북이스라엘이 심판받아 앗수르에게 망한 것을 보고도 회개할 줄 몰랐다. 이방 신을 섬기며 하나님을 공경하지 않았다(렘 2:20-25). 우상 숭배를 하지 않는 산이 없을 정도로 곳곳이 영적 행음의 장소가 되었다(렘 3:1-5). 선지자들은 거짓을 예언하고, 제사장들은 자기 힘을 의지해 백성을 다스렸다. 그럼에도 백성들은 그러한 지도자들을 좋게 여겼다(렘 5:31). 그리하여 유다 민족 전체가 하나님을 거스르고 범죄했다. 이때 하나님의 심판이 물 없는 우물과 비 없는 밭으로 나타났다.

> 가뭄에 대하여 예레미야에게 임한 여호와의 말씀이라 유다가 슬퍼하며 성문의 무리가 피곤하여 땅 위에서 애통하니 예루살렘의 부르짖음이 위로 오르도다 귀인들은 자기 사환들을 보내어 물을 얻으려 하였으나 그들이 우물에 갔어도 물을 얻지 못하여 빈 그릇으로 돌아오니 부끄럽고 근심하여 그들의 머리를 가리며 땅에 비가 없어 지면이 갈라지니 밭 가는 자가 부끄러워서 그의 머리를 가리는도다(렘 14:1-4).

우물에 물이 없다는 것은 마실 물이 없다는 뜻이다. 밭에 비가 없다는 것은 곡식이 나지 않는다는 의미다. 결국 물이 없어 목마른 것은 생명을 잃는 죽음의 상태를 가리킨다.

신약에서도 하나님의 심판을 받아 목마른 고통을 호소하는 이야기가 있다. 누가복음 16장 19-31절에 나오는 부자와 거지 나사로 이야기다. 나사로는 비록 이 땅에서는 고난을 당했지만, 하나님의 백성인 그는 죽어서 낙원에 들어갔다(눅 16:22). 그러나 하나님과 하나님의 백성은 안중에도 없이 날마다 호화로운 잔치를 벌이던 부자는 죽어서 음부에 내려갔다(눅 16:23). 그는 음부에서 불꽃 가운데서 괴로워하며 나사로의 손가락 끝에 찍은 적은 양의 물이라도 간절히 원하는 비참한 상태가 되었다(눅 16:24).

따라서 목마름은 하나님의 심판의 결과다. 하나님 없는 인간이 당하는 비참한 상태가 목마름이다. 그런데 예수님이 바로 이런 목마름의 심판을 당하셨다. 마땅히 죄인들이 당해야 할 목마름의 심판을 십자가에서 대신 당하셨다. 하나님의 진노를 당하시고, 온갖 육체적이고 관계적이고 영적인 고통을 당하셨다. 그리하여 예수님을 믿는 자들은 이런 목마름을 당하지 않게 하신다. 그들의 육체를 영원히 목마르지 않는 낙원으로 인도하신다. 미움과 다툼이 없는 평화의 세계로 이끄신다. 하나님과의 깊은 교제 속에서 영적으로도 풍성한 생명을 얻게 하신다.

하나님의 구원으로서 목마름 해소

하나님의 심판이 목마름이라면, 하나님의 구원은 목마름의 해소다. 하나님은 풍성한 물을 통해 풍성한 생명을 누리게 하신다. 하나님은 이사야 선지자를 통해 이스라엘이 바벨론 포로에서 풀려날 것을 예언하시는데, 이때 '물'이라는 상징이 사용되었다.

> 보라 내가 새 일을 행하리니 이제 나타낼 것이라 너희가 그것을 알지 못하겠느냐 반드시 내가 광야에 길을 사막에 강을 내리니 장차 들짐승 곧 승냥이와 타조도 나를 존경할 것은 내가 광야에 물을, 사막에 강들을 내어 내 백성, 내가 택한 자에게 마시게 할 것임이라(사 43:19-20).

하나님은 출애굽 모티브를 사용해 이스라엘을 바벨론에서 구원할 것을 말씀하셨다. 옛적에 이스라엘이 애굽에서 나올 때 하나님은 광야에 길을 내서 인도하시고 물을 주어 살게 하셨다. 마찬가지로 하나님은 그런 인도와 공급을 통해 이스라엘을 구원하실 것이다. 이러한 하나님의 구원은 이사야 49장에 다시 언급된다.

> 그들이 주리거나 목마르지 아니할 것이며 더위와 볕이 그들을 상하지 아니하리니 이는 그들을 긍휼히 여기는 이가 그들을 이끌되 샘물 근원으로 인도할 것임이라(사 49:10).

그러나 바벨론에서 풀려난 이스라엘은 다시 하나님을 거역하고 불순종했다. 그래서 다시 이방 나라의 손에 넘어갔으며, 주리고 목마른 고통에 빠졌다. 헬라 제국에 점령당했으며, 로마의 압제에 고통당했다.

그렇다면 그들을 목마르지 않게 하겠다는 하나님의 약속은 어떻게 되는가? 예수 그리스도 안에서 새 이스라엘을 통해 온전히 성취된다. 요한계시록에 나오는 새 하늘과 새 땅은 이사야의 예언이 온전히 성취되고 완성된 모습이다.

요한계시록에는 신자가 하늘에서 누릴 안식의 한 모습으로 '목마르지 않음'이 나온다. 지상에서 믿음의 선한 싸움을 싸우고 승리한 14만 4,000명이 하늘에서 생수를 마시며 영생을 누리는 모습이 나온다.[8]

그들이 다시는 주리지도 아니하며 목마르지도 아니하고 해나 아무 뜨거운 기운에 상하지도 아니하리니 이는 보좌 가운데에 계신 어린양이 그들의 목자가 되사 생명수 샘으로 인도하시고 하나님께서 그들의 눈에서 모든 눈물을 씻어 주실 것이라(계 7:16-17).

또 내게 말씀하시되 이루었도다 나는 알파와 오메가요 처음과 마지막이라 내가 생명수 샘물을 목마른 자에게 값없이 주리니(계 21:6).

생명수 샘물은 영생의 물이다. 영원히 목마르지 않게 하는 영생의 물이다. 모든 육체의 고통을 그치고, 다른 이와의 갈등이 사라지고, 하나님과의 친밀한 교제 가운데서 영원한 안식을 누리는 복이다. 영육 간의 모든 고통이 사라지고, 그래서 생명과 기쁨과 평화가 넘치는 상태를 가리킨다(참고. 계 21:3-4).

여기서 어린양과 생명수의 관계를 주목할 필요가 있다. 성도의 목마름을 해소하는 데 어린양이 주도적 역할을 하신다. 요한계시록 7장 17절에 따르면, 어린양이 이러한 생명수 샘물로 성도를 인도하신다. 요한계시록 22장에서는 하나님과 어린양의 보좌로부터 생명수의 강이 흘러나와서 만국을 살게 한다(계 22:1-2).[9]

그런데 예수님의 여러 모습 중에 왜 어린양의 모습을 강조할까? 어린양은 요한계시록에 28회 나오는데, 예수님을 묘사하는 가장 대표적인 타이틀이다.

예수님은 일찍 죽임당하신 어린양으로서(계 5:6), 그 어린양의 피에 옷을 씻은 사람만이 구원을 받을 수 있다(계 7:14). 이러한 어린양의 보좌로부터 생명수의 강이 흘러나온다는 것은 십자가가 성도에게 생수를 준다는 뜻이다. 성도의 목마름은 십자가를 통해 해소된다. 십자가에서 우리를 위해 목마른 고통을 대신 당하신 예수님은 이제 그분을 믿는 자들을 영원히 목마르지 않는 생수의 세계로 인도하신다.

요한복음의 목마름

'목마르다'를 뜻하는 헬라어 '딮사오'는 요한복음에서 19장
28절을 제외하고도 3개의 단락에 등장해 "목마름"이라는 주
제를 강조한다(요 4:1-15, 6:22-59, 7:37-39).

사마리아 여인과의 대화에 나오는 목마름

"목마름"이라는 주제가 가장 먼저 등장하는 본문은 예수
님이 사마리아 여인과 대화하시는 장면이다(요 4:1-15). 예수
님과 그녀는 수가라는 동네 우물곁에서 "물"을 주제로 대화
를 나누었다. 예수님은 그녀에게 영원히 목마르지 않는 생수
를 주려 하셨다.

> 예수께서 대답하여 이르시되 네가 만일 하나님의 선물과 또 네
> 게 물 좀 달라 하는 이가 누구인 줄 알았더라면 네가 그에게 구
> 하였을 것이요 그가 생수를 네게 주었으리라(요 4:10).

여기서 '생수'가 무엇을 상징하는지에 대해서는 학자들마
다 의견이 다르다.[10] 여러 가지 해석이 있지만, 기본적으로 성
령을 가리킨다고 보아야 할 것이다.[11] 물은 구약과 신약에서
성령을 상징한다(겔 36:25 이하; 사 32:15 이하; 욜 3:1; 슥 12:10; 계

22:1). 또한 요한복음 다른 본문에서 물은 성령과 깊이 연관되어 있다(요 3:5, 7:37-39). 예수님은 사마리아 여인에게 하나님이 주시는 영생의 선물을 이야기하시면서 성령의 생수를 언급하신 것이다. 성령으로 인생의 목마름이 해결되고 영생을 누릴 것이라는 말씀이다.

생명의 떡 강화에 나오는 목마름

"목마름"이라는 주제가 두 번째로 등장하는 곳은 생명의 떡 강화에서다(요 6:22-59). 예수님은 결코 주리지 않는 생명의 떡, 그리고 결코 목마르지 않는 생명의 물을 약속하셨다.

> 예수께서 이르시되 나는 생명의 떡이니 내게 오는 자는 결코 주리지 아니할 터이요 나를 믿는 자는 영원히 목마르지 아니하리라(요 6:35).

물론 '생명의 물'이라는 말이 본문에 명시적으로 나타나지는 않지만, 35절 상반 절에 나오는 '생명의 떡'과 비교해 볼 때 하반 절에 '생명의 물'이 암시되었음을 충분히 짐작할 수 있다.

생명의 떡 강화는 오병이어 기적과 연결되어 나온다(요 6:1-15). 오병이어 기적은 유월절-출애굽 사건을 배경으로 한다. 출애굽한 광야의 이스라엘 백성은 만나를 먹고 생명을 잃지 않을 수 있었다. 이제 예수님은 자신이 하나님께로부터 온 생명의 떡으로서 그분을 먹는 자는 결코 굶주리지 않고 영생을 얻는다고 말씀하신다. 이때 예수님은 굶주림과 함께 목마름을 언급하시는데, 동일한 의미의 반복이라고 할 수 있다. 예수님은 굶주린 자에게 생명의 떡이 되시고, 목마른 자에게 생명의 물이 되신다.

이러한 생명의 양식과 음료로서 예수님의 정체성은 요한복음 6장 52-58절에 인자의 살과 피로 나타난다.[12] 인자의 살을 먹고, 인자의 피를 마시는 자는 굶주림과 목마름에서 해방된다. '살과 피'는 예수님의 십자가 죽음을 상징하는데, '먹고 마시는 것'은 믿음을 뜻한다. 예수님의 십자가를 믿는 자는 영적 굶주림과 목마름이 해결되어 영생하게 된다. 따라서 6장 35절의 뜻이 6장 52-58절에서 명확해진다. 예수님의 십자가를 통한 신자의 목마름 해결이 좀 더 분명하게 나온다. 예수님은 우리의 영적 목마름을 해결하기 위해 십자가를 지셨다.

초막절 외침에 나오는 목마름

"목마름"이라는 주제가 세 번째로 등장하는 곳은 예수님의 명절 외침 장면이다(요 7:37-39).[13] 여기에 나오는 '명절'은 초막절을 가리킨다(참고. 요 7:2). 예수님 당시 초막절 기간에는 성전에서 물과 관련해 특별한 행사가 있었다. 성전 제단 옆 큰 항아리에 물을 채우고, 가는 관을 통해 물이 제단 아래로 흘러가게 했다. 물이 제단에 바쳐지는 것은 이스라엘이 광야 생활을 하는 동안 하나님이 물을 공급해 주신 일을 기념하기 위한 것이었다. 그들은 하나님이 물을 주셔서 이스라엘이 목마름을 해결하며 살 수 있었다고 고백했다.

이러한 초막절 배경에서 예수님은 목마른 자들을 초대하셨다. 그리고 생수를 약속하셨다. 물론 목마름도, 생수도 문자적 의미가 아니다.

명절 끝날 곧 큰날에 예수께서 서서 외쳐 이르시되 누구든지 목마르거든 내게로 와서 마시라 나를 믿는 자는 성경에 이름과 같이 그 배에서 생수의 강이 흘러나오리라 하시니 이는 그를 믿는 자들이 받을 성령을 가리켜 말씀하신 것이라(요 7:37-39).

'생수의 강'은 예수님을 믿는 자가 받을 성령을 가리킨다고 요한복음 저자는 설명했다. 그렇다면 '목마른 자'는 누구인가? 그리스도를 모르는 자, 그래서 성령을 받지 못한 자다. 영적 목마름을 해결하는 길은 그리스도께 와서 성령을 받는 것이다. 광야에서 이스라엘 백성이 하나님이 공급하시는 물로 살 수 있었던 것처럼, 목마른 영혼은 예수님이 주시는 성령으로 살 수 있다.

따라서 지금까지의 내용을 종합해 볼 때, 요한복음은 사람들의 목마름 해소를 위해 두 가지를 제시한다고 볼 수 있다. 하나는 십자가이고, 다른 하나는 성령이다. 결국 예수님이 그분의 십자가 사역에 기초해 성령을 주신다고 할 수 있다. 예수님이 십자가에서 목말라 고통하심으로 우리는 성령의 생수를 받는다. 십자가는 성령이 오실 수 있는 토대를 마련한다. 하나님은 예수님의 십자가에 근거해 그분을 믿는 자에게 성령을 주신다.

결론

예수님이 십자가에서 겪으신 목마름의 고통은 시편 69편 21절을 성취하기 위한 것이다. 시편 69편에서 다윗은 육체적으로, 관계적으로, 영적으로 목마른 고통을 당했다. 육체적으로 목이 마른 고통을 당했지만, 그것은 적들로부터 온 것이었다. 대적자들의 비난과 모욕 때문이었다. 또한 하나님이 얼굴을 가리시고 응답하지 않으시는 영적 고통이었다. 예수님도 십자가에서 이러한 고통을 당하셨다. 육체적으로 목이 마르고, 사람들의 조롱과 하나님의 진노의 심판을 받으셨다. 이러한 예수님의 목마른 고통은 그분을 믿는 자들을 위한 것이었다.

예수님이 목마른 고통을 당하셨기 때문에 이제 예수님의 십자가를 믿는 사람은 목마른 고통을 당하지 않는다. 영적으로 하나님과 친밀한 교제 가운데 풍성한 생명을 누린다. 더 이상 그를 조롱하거나 모욕하는 사람이 없다. 그리고 육체도 아프지 않고 영원히 살 것이다. 이러한 구원은 새 하늘과 새 땅에서 온전히 누릴 수 있다.

그러나 이 일은 지금 여기에서부터 시작된다. 신자는 그리스도 안에서 성령으로 하나님께로부터 오는 생명을 얻는다. 하나님과의 친밀한 관계 속에 중생한 자로 살게 된다. 물론 새 하늘과 새 땅에서 누리는 풍성한 생명에 비해 제한적이다. 사람들로부터 여전히 상처를 받고, 육체의 약함으로 고생하기도 한다. 그러나 그리스도의 십자가 안에서 성령의 생수를 마시기 때문에 이 세상을 넉넉히 살아갈 수 있다.

묵상과 적용

이스라엘 광야에는 아카시아 계통의 싯딤나무가 있다. 주위를 둘러보면 물 한 줄기 보이지 않는 메마른 땅이다. 풀 한 포기 나지 않는 척박한 땅이다. 그런데 유독 싯딤나무는 튼튼하게 자라 우뚝 서 있다. 어떻게 가능한가? 뿌리 때문이다. 뿌리가 물에 닿아 있기 때문에 싯딤나무는 광야의 거친 환경을 이기고 힘차게 솟아 있다.

생각해 보라. 광야의 한낮이 얼마나 뜨겁고, 반대로 한밤은 얼마나 춥겠는가. 보통 섭씨 영상 40도까지 덥다가, 밤이 되면 영하 20도까지 내려간다. 그런데도 싯딤나무는 푸른 잎이 무성한 채 굳건하게 서 있다. 뿌리를 통해 물을 끊임없이 공급받기 때문이다. 보통 싯딤나무의 뿌리는 짧게는 50m, 길게는 1km 이상까지 뻗어 있다고 한다.[14] 그래서 생수의 근원을 만나 물을 먹어 나무가 자라고 잎이 푸르게 된다.

십자가는 우리의 목마름을 해결하기 위한 영적 생수의 근원이다. 십자가에 달리신 예수님이 우리의 목마름을 해결하신다. 예수님은 우리를 대신해서 목마름의 고통을 당하시고, 그분을 믿는 자가 목마르지 않게 성령의 생수를 주신다. 우리의 마음을 뻗어 십자가에 닿기만 하면 성령으로 우리의 목마름이 해결된다.

따라서 우리는 광야와 같은 세상을 살아가는 동안 십자가를 바라보아야 한다. 십자가 은혜, 십자가 용서, 십자가 사랑을 주목해야 한다. 우리가 오늘 힘든 까닭은 어쩌면 거친 세상 때문만은 아닐 수 있다. 거친 세상에서 십자가를 주목하지 않기 때문이다. 십자가 안에서 성령의 생수를 더 충분히 마시지 않기 때문이다. 다시 십자가 앞으로, 성령을 사모하며 나아가야 한다.

감옥에 있는 사도 바울이 에베소 성도들을 위해 드린 기도에 이러한 원리가 잘 담겨 있다(엡 3:16-17). 바울은 성령으로 그들의 속사람이 강건해지기를 기도했다. 그리고 그들이 믿음으로 예수 그리스도와 함께하며 그분의 사랑에 깊이 뿌리내리기를 기도했다. 그래야 광야와 같은 세상을 이길 수 있기 때문이다. 바울 자신이 감옥이라는 광야에서 지금 그렇게 살고 있기 때문이다.

사람이 감기에 걸리는 이유를 들어 본 적이 있는가? 흔히 날씨가 추워서 감기에 걸린다고 생각한다. 일부만 맞다. 추운 환경이 원인임에는 틀림없다. 그러나 그에 못지않게 우리 몸의 면역력이 중요하다. 감기 바이러스를 이겨 내는 내 몸의 저항력이 중요하다. 광야와 같은 세상은 우리에게 무척 힘든 곳이다. 그러나 잊지 말자. 십자가를 통해 성령을 받은 사람은 그 힘든 세상을 이길 수 있다는 것을 말이다.

다른 한편, 잘 자란 싯딤나무는 그늘을 만든다. 사방 천지를 둘러보아도 그늘 하나 없는 광야에서 유일하게 그늘을 만든다. 그래서 광야 여행에 지친 사람들이 쉬었다 갈 수 있게 한다. 목마름을 해결한 사람이 이와 같다. 그 사람에게는 삶에 지친 사람들이 쉬었다 갈 수 있는 그늘이 있다. 고단한 인생들을 품을 수 있는 넉넉함이 있다. 십자가의 사람, 성령의 사람은 바로 그런 사람이다.

사도행전 11장에 나오는 바나바가 대표적이다. 회심한 바울을 무서워하여 아무도 가까이하지 않았다. 그러나 성령의 사람 바나바에게는 바울을 받아 주는 넉넉함이 있었다(행 11:24-25). 그러한 그늘을 경험한 바울은 훗날 그 역시 오네시모의 그늘이 되어 준다. 도망친 노예 오네시모를 사랑으로 품는다. 오네시모가 주인 빌레몬에게 잘못한 것이 있으면 대신 갚으려 한다(몬 1:8). 이와 같이 십자가의 사람, 성령의 사람은 힘든 사람에게 그늘을 제공하는 사람이다.

| 토론과 나눔을 위한 질문 |

1 시편에서 다윗이 당한 목마름의 고통은 단순한 육체적 고통 이외에 무엇을 의미하는가?

2 목마름은 하나님의 심판과 구원의 측면에서 어떤 의미를 가지는가?

3 목마름을 해소하기 위한 성령의 역사는 요한복음 어디에 나오는가?

4 목마름을 해소하기 위한 성령의 역사는 십자가와 어떤 관련이 있는가?

5 지금 내 삶에 영적 목마름이 있다면 어떻게 그 목마름을 해소할 수 있을까? 목마름의 해소를 통해 내가 궁극적으로 지향하려는 삶은 어떤 것인가?

°7장

새 창조를
위한
십자가

예수께서 신 포도주를 받으신 후에
이르시되 다 이루었다 하시고 머리를 숙이니
영혼이 떠나가시니라

요 19:30

《하늘과 바람과 별과 시》(1948년)라는 윤동주의 유고 시집에 "십자가"라는 시가 있다. 시에서 화자는 십자가를 우러러보지만, 좀처럼 가까이 가지 못한다. 예수 그리스도의 숭고한 삶을 감히 따라 할 수 없어 주저하는 모습이다. 그러나 무력한 자신이지만 만약 십자가가 주어진다면 예수님처럼 십자가를 지겠다고 고백한다. 이때 화자는 십자가에 달리신 예수님을 "괴로웠던 사나이 행복한 예수 그리스도"라 한다. 윤동주는 십자가를 '괴로움'과 '행복'으로 해석한다.

그리스도의 십자가에는 역설이 있다. 다시 말하면, 정반대의 모순된 두 의미가 함께 나타난다. 그런데 그것이 참된 진리를 드러낸다. 십자가는 예수님의 고난이다. 십자가에서 예수님은 하나님이 주신 진노의 잔을 마시며, 아버지와 교제가 단절되는 고통을 겪으셨다. 그런데 그것이 끝이 아니다. 고통을 통해 아버지 하나님이 주신 사명을 완수하셨다. 그분을 믿는 자를 위한 영생의 길을 여셨다. 그래서 십자가는 예수님의 성공이요 승리다.

> 예수께서 신 포도주를 받으신 후에 이르시되 **다 이루었다** 하시
> 고 머리를 숙이니 영혼이 떠나가시니라(요 19:30).

예수님이 장엄하게 운명하시는 장면이다. 예수님은 "테텔
레스타이", 즉 "다 이루었다"라는 한 말씀을 남기고 숨을 거두
셨다.[1]

'테텔레스타이'는 '목적한 바를 성취(달성)하다'라는 뜻을 가진
동사 '텔레오'의 완료형이다. 이 단어는 요한복음 19장 28, 30절
에 사용되어 예수님의 십자가에 성취의 의미가 있음을 보여
준다. 따라서 예수님의 십자가는 그분이 목표하셨던 바가 성
취되는, 그분의 사역의 절정이다.

이를 가리켜 예수님은 그분의 '때'라고 하시며, '때'를 기준
으로 자신의 삶과 사역을 계획하셨다(요 2:4, 7:30, 8:20, 12:23,
13:1, 17:1).[2] 다시 말하면, 예수님은 이때를 기준으로 사셨다.
십자가를 지시기 전에는 때가 이르지 않았다고 하셨고(요 2:4),
십자가를 지실 즈음에는 이제 때가 이르렀다고 하셨다(요
17:1). 따라서 예수님의 인생 목표는 십자가를 통해 무엇인가
를 성취하는 것이었다. 그것은 무엇일까?

물론 여기서 '때'는 배타적으로 오직 십자가만을 의미하지

는 않는다. 십자가 – 부활 – 승천을 포괄하는 말이다. 그러나 그 초점은 다분히 십자가에 맞춰져 있다. 그렇다면 십자가에서 예수님이 성취하신 목표가 무엇인지 살펴보자.

생명을 위한 죽음

'목적한 바를 성취(달성)하다'라는 뜻을 지닌 헬라어 동사 '텔레오'는 19장 28, 30절 외에는 더 이상 요한복음의 다른 본문에 나오지 않는다. 그 대신 같은 어원의 '텔레이오오'가 종종 사용된다(요 4:34, 5:36, 17:4, 23, 19:28). 특히 4장 34절, 5장 36절, 17장 4절에서 '텔레이오오'는 아버지께서 아들에게 성취하라고 주신 일과 관련하여 사용된다.[3] 따라서 예수님이 십자가에서 성취했다고 선언하신 그 목표는 다름이 아니라 아버지께로부터 받은 일이라 할 수 있다.

4장 34절과 17장 4절에는 단수로서 '일'(에르곤)이, 5장 36절에는 복수로서 '일'(에르가)이 나온다. 그러나 이들이 가리키는 의미는 크게 다르지 않다. 단수 '에르곤'은 예수님의 전체 사역을 하나로 보는 것이고, 복수 '에르가'는 예수님의 사역의 다양성을 강조하는 의미다. 이 일은 아버지의 일이면서, 동시에 아들의 일이다. 아버지께서 아들 안에서 일하시고, 아들은 아버지의 일을 계승하신다.

그렇다면 그 일은 무엇일까? 그것은 사람들에게 생명을 주시는 일이다. 앞서 언급한 모든 구절에는 사람들의 생명을 위한 예수님의 일이 나온다.

> 예수께서 이르시되 나의 양식은 나를 보내신 이의 뜻을 행하며 그의 일을 온전히 이루는 이것이니라(요 4:34).

요한복음 4장에서 예수님은 사마리아 여인에게 영원히 목마르지 않는 생수를 말씀하시며 생명의 복음을 전하셨다(요 4:10, 14). 예수님을 통해 성령이 주어지고, 그래서 그녀가 영생할 수 있다는 말씀이다. 그리고 마침내 예수님은 자신이 그리스도임을 나타내셨다(요 4:25-26). 예수님은 이렇게 사람들의 생명을 위해 성령과 그리스도를 드러내는 것이 아버지의 뜻이라고 하셨다. 이것이 아버지께서 자신에게 부여하신 일이라고 하셨다(요 4:34).

> 내게는 요한의 증거보다 더 큰 증거가 있으니 아버지께서 내게 주사 이루게 하시는 역사 곧 내가 하는 그 역사가 아버지께서 나를 보내신 것을 나를 위하여 증언하는 것이요(요 5:36).

또한 5장 36절에서도 '텔레이오오'와 '일'(역사)이 생명을 위해 사용된다. 예수님은 아버지의 일을 계승하시는 분으로 나온다(요 5:17). 예수님은 사람을 살리는 일을 하시며(요 5:21), 영생을 주는 일을 하신다(요 5:24). 그런데 이러한 예수님의 일은 사실 아버지께서 하라고 하신 일이고, 그 일이 예수님이 누구신지를 증언한다(요 5:36). 영생을 위해 예수님이 하시는 모든 공생애 사역이 예수님이 아버지께로부터 온 하나님의 아들이시라는 것을 보여 준다.[4] 그리하여 그분의 말씀을 듣고 하나님을 믿는 자는 영생을 얻는다(요 5:24). 따라서 예수님이 하시는 일은 그분의 계시를 믿는 자들이 영생을 얻게 하려는 데 있다.

아버지께서 내게 하라고 주신 일을 내가 이루어 아버지를 이 세상에서 영화롭게 하였사오니(요 17:4).

뿐만 아니라 예수님은 죽음을 앞두고 고별 기도를 하시면서 다시 '텔레이오오'와 '일'을 언급하셨다(요 17:4). 아버지께서 하라고 주신 일을 다 성취했노라고 고백하셨다. 여기서 '일'은 십자가를 암시하지만, 십자가를 포함한 그분의 모든 공생애 사역을 포괄적으로 일컫는 말이다. 물론 아직 십자가를 지시기 전이지만, 예기적(proleptic) 표현을 사용해 이미 십자가를

진 것과 같은 확신을 가지고 기도하셨다.[5]

그런데 이러한 성취, 목표 달성, 사명 완수에 대한 고백은 바로 앞 구절과 긴밀히 연결되어 있다.

영생은 곧 유일하신 참 하나님과 그가 보내신 자 예수 그리스도를 아는 것이니이다(요 17:3).

따라서 공생애 기간 예수님이 성취하신 일은 자신과 하나님을 계시해 사람들이 예수님과 하나님을 알고 영생을 얻게 하시려는 것이었다. 그러므로 예수님이 십자가에서 성취를 선언하신 것은 그분이 공생애 기간 동안 집중하신 일, 즉 사람들의 영생을 위한 사역과 관련이 있다. 사람들에게 영생을 주는 하나님 나라 사역이 십자가에서 절정을 이루어 완성되었다는 의미다. 그 사역은 그분을 믿는 사람들을 살리기 위해 죽는 것이다. 그들의 생명을 위해 자신이 대신 죽는 것이다.

사람들의 생명을 위한 예수님의 이러한 죽음은 특별히 죄 용서와 관련이 있다. 이에 대해 좀 더 살펴보자.

죄 용서를 위한 죽음

예수님의 죽음의 성격은 속죄의 관점에서 이해할 수 있다(이어지는 내용은 앞 장의 내용과 중복되지만, 효과적인 논지 전개를 위해 다시 언급한다.) 죄 문제를 해결하시기 위한 희생적 죽음으로 이해할 수 있다. 왜냐하면 예수님의 죽음의 속죄적 성격이 요한복음의 시작부터 나오기 때문이다. 그 속죄 때문에 심판 아래 놓인 사람들이 생명을 얻는다(요 3:17-18). 예수님이 그분을 믿는 자들의 죄를 담당하여 하나님의 심판을 받으셨기 때문에, 그들은 죄 용서를 받고 생명을 얻는다. 예수님의 죽음의 속죄적 성격을 말해 주는 가장 대표적인 본문은 요한복음 1장 29절이다.

> 이튿날 요한이 예수께서 자기에게 나아오심을 보고 이르되 보라 세상 죄를 지고 가는 하나님의 어린양이로다(요 1:29).

세례 요한은 메시아로서 예수님의 핵심 사역은 세상의 죄를 지고 가는 것이라고 했다. 예수님은 세상의 모든 죄를 자신에게 올려놓고 지고 가는 하나님의 어린양이신데, 그분 안에서 우리가 죄 용서를 받을 수 있다.[6] 따라서 이후에 나오는 예수님의 죽음에 관한 요한복음의 모든 묘사는 이러한 예수

님의 죽음의 성격에 기초해서 해석될 필요가 있다.[7]

뿐만 아니라 요한복음의 마지막 부분에서 예수님은 또다시 양으로 묘사되신다. 로마 군인들이 예수님의 양쪽 옆 십자가에 달린 두 강도의 시신은 그 뼈를 꺾었다. 확실하게 죽이기 위해서였다. 그러나 예수님은 이미 죽으셨기 때문에 그 뼈를 꺾지 않았다. 그런데 요한복음 저자는 이것이 사실은 예언의 성취라고 말한다.

> 이 일이 일어난 것은 그 뼈가 하나도 꺾이지 아니하리라 한 성
> 경을 응하게 하려 함이라(요 19:36).

개역개정 성경은 세 구절(출 12:46; 민 9:12; 시 34:20)을 주석에 붙여 이 구절들이 요한복음 19장 36절에서 성취된 것으로 본다. 그 가운데 출애굽기 12장 46절과 민수기 9장 12절은 유월절 양의 사체를 어떻게 처리할 것인가에 관한 규례다. 시편 34편 20절은 고난받는 의인의 모습을 묘사한 내용의 한 부분이다.

학자에 따라 정확하게 어느 구약 본문이 성취되었는지에 대해 논란이 있다. 그러나 다수의 학자들은 요한복음 저자가 세 본문을 포괄적으로 다 염두에 두었을 것이라 추측한다.[8] 만약 다수의 학자들의 견해대로 세 구절이 여기서 성

취되었다면, 요한복음 저자는 아주 분명하게 예수님이 유월절 어린양으로 죽으셨다는 사실을 보여 주고 있다고 하겠다.

유월절 어린양은 출애굽 때 이스라엘을 대신하여 하나님의 심판을 당했다. 이스라엘을 구원하기 위해 죽임을 당했다. 예수님이 바로 그런 유월절 양이 되어 심판을 당하셨다는 뜻이다. 그분은 자기 백성의 심판을 대신 받으시고, 그 백성으로 심판받지 않게 하시는 분이다.

따라서 요한복음의 시작과 끝에 예수님은 하나님의 어린양으로서 자기 백성의 죄 때문에 대신 심판받으시는 분으로 등장한다. 그들의 죄 용서를 위해 대신 심판받으신 것이다. 이것이 예수님의 인생 목표였다. 그 목표를 위해 예수님은 십자가에서 죽으셨다. 죄 용서를 위한 예수님의 이러한 자기희생 때문에 하나님의 심판 아래 놓인 사람들이 구원을 받고 영생을 얻을 수 있다(요 3:17, 5:24).

새 창조를 위한 죽음

지금까지 살펴본 죄와 십자가와 생명을 좀 더 큰 틀에서 성경 신학적으로 조망해 보면, 예수님의 십자가는 새 창조를 위한 죽음이라 해석할 수 있다.

창조와 생명, 그리고 죄와 죽음

창조의 가장 큰 특징은 생명이다. 창조에서 생명이 시작된다.[9] 창세기 창조 기사는 이를 분명히 밝힌다. 개역개정 성경 창세기 1-2장에는 '생'(生)이라는 글자가 들어 있는 단어들이 나온다. 하나님이 '생물'을 창조하셨다(창 1:20, 24). 땅에 움직이는 모든 '생명'을 창조하셨다(창 1:30). 사람을 창조하실 때 '생기'를 불어 넣으시고, 그래서 사람이 '생령'이 되었다(창 2:7). 뿐만 아니라 에덴동산 중앙에는 '생명나무'가 있었다(창 2:9). 히브리어 성경에 따르면, 이 단어들에는 하나같이 '생명'을 뜻하는 히브리어 '하이'가 포함되어 있다. 하나님의 창조는 생명의 창조다. 에덴동산은 생명이 풍성한 곳이었다.

그런데 생명이 죽음으로 바뀌는 일이 벌어졌다. 하나님이 아담에게 "너는 흙이니 흙으로 돌아갈 것이니라"(창 3:19)라고 말씀하셨다. 생명의 존재인 아담에게 죽음을 선언하셨다. 그리고 아담의 자손인 가인과 아벨 사이에 인류 최초의 살인이 일어났다(창 4:1-15). 죽음은 이제 사람이 도저히 헤어 나올 수 없는 늪이 되었다.

이러한 인간의 죽음은 무엇 때문인가? 죄 때문이다. 죄가 생명을 파괴하고 죽음에 이르게 했다. 인간은 사탄의 유혹에 넘어가 하나님을 배반하고 거역하는 죄를 저질렀다. 하나님과 같이 되려는 교만과 탐심이 인간을 죽음의 늪에 빠뜨렸다.

이런 절망스런 죽음의 세계에 예수님이 오셨다. 생명이 죽음으로 바뀐 고통스런 현실에 희망으로 찾아오셨다. 죽음을 생명으로 바꾸시기 위해서다.

새 창조와 생명, 그리고 죄와 예수님의 죽음

첫 창조의 가장 큰 특징이 생명이듯이, 새 창조의 가장 큰 특징도 생명이다. (이어지는 내용도 앞 장의 내용과 중복되지만, 효과적인 논지 전개를 위해 다시 언급한다.) 새 창조는 인간이 잃어버린 생명을 회복하는 것이다. 죽음이 생명으로 바뀐다. 새 창조가 완성된 새 하늘과 새 땅은 생명으로 충만한 곳이다.

요한계시록 21장 4절에 따르면, 새 하늘과 새 땅에는 눈물과 사망과 애통과 아픔이 없다. 사망이 없다는 것은 이제 생명만 있다는 뜻이다. 하나님이 목마른 자에게 생명수 샘을 값없이 주신다(계 21:6). 영원히 목마르지 않는, 영원한 생명이 있는 곳이다. 이러한 영생이 다음 장인 요한계시록 22장에서는 좀 더 색다르게 묘사된다. 하나님과 어린양의 보좌로부터 생명수의 강이 흘러나온다(계 22:1). 생명수의 강 때문에 생명나무가 12가지 열매를 맺고 잎사귀가 자라 만국을 치료한다(계 22:2).

또 그가 수정같이 맑은 생명수의 강을 내게 보이니 하나님과 및 어린양의 보좌로부터 나와서 길 가운데로 흐르더라 강 좌우에 생명나무가 있어 열두 가지 열매를 맺되 달마다 그 열매를 맺고 그 나무 잎사귀들은 만국을 치료하기 위하여 있더라 (계 22:1-2).

'생명수의 강'은 일찍이 예수님이 약속하신 성령으로 볼 수 있다. 예수님은 그분을 믿는 자의 배에서 생수의 강이 흐를 것이라는 말씀으로 성령을 약속하셨다(요 7:37-39). 따라서 새 하늘과 새 땅에 흐르는 생명수의 강은 성령에 의한 생명의 충만한 역사가 있을 것임을 보여 준다.[10]

그런데 성령의 생명수가 하나님과 어린양의 보좌로부터 나온다. 다시 말하면, 죽임당하신 어린양이 성령의 역사, 생명의 역사의 기초가 되신다. 예수님의 죽음이 생명의 역사가 일어나는 근거가 된다는 말이다. 어떻게 이런 일이 가능한가? 그것은 죽임당하신 어린양이 십자가에서 죄 문제를 해결하셨기 때문이다. 사람들의 죄로 인해 생명이 죽음으로 바뀌었는데, 이제 십자가를 통해 죄 문제가 해결되고 죽음이 생명으로 바뀌었다.

십자가에서 예수님이 "다 이루었다"(요 19:30)라고 하신 것은 결국 죽음을 생명으로 바꾸기 위한 사역을 성취하셨다는 뜻이다. 새 창조를 위해 죄 문제를 해결하셨다는 의미다. 예수님은 이 일을 위해 세상에 오셨다. 흥미로운 것은 70인경 창세기 2장 1-2절에 하나님의 창조의 완성이 '쉰텔레오'라는 말로 설명된다는 점이다.

> 천지와 만물이 다 **이루어지니라** 하나님이 그가 하시던 일을 일곱째 날에 **마치시니** 그가 하시던 모든 일을 그치고 일곱째 날에 안식하시니라(창 2:1-2).

우리말로 '이루어지니라'와 '마치시니'가 '쉰텔레오'다. '쉰텔레오'는 '다 이루었다'라는 말을 위해 요한복음 19장 30절에 사용된 '텔레오'와 같은 어원이다. 따라서 십자가를 통한 예수님의 목표 달성은 창조와 연결해 이해될 수 있다. 예수님이 십자가를 통해 새로운 창조를 이루셨다는 뜻이다. 더 정확하게 말하면, 죽음을 생명으로 바꾸기 위해 죄 문제를 해결하셨다. 그래서 이제 예수님의 십자가 안에서 새 창조가 일어난다.

사랑에 의한 죽음

여기서 우리는 요한복음이 새 창조를 위한 십자가를 강조하면서, 또한 사랑도 강조한다는 점을 살펴볼 필요가 있다. 예수님의 죽음과 죄 용서, 그로 말미암는 새 생명은 사랑 때문에 일어난다. 예수님의 새 창조 사역을 관통하는 핵심 동기는 사랑이다. 예수님은 사랑 때문에 세상에 오셨고, 사랑으로 세상에 머무셨으며, 사랑을 위해 세상을 떠나셨다.

> 하나님이 세상을 이처럼 사랑하사 독생자를 주셨으니 이는 그를 믿는 자마다 멸망하지 않고 영생을 얻게 하려 하심이라(요 3:16).

하나님은 세상을 사랑하셔서 아들을 세상에 보내셨다. 독생자를 주신 아버지의 사랑은 단순히 성육신만을 의미하지 않는다. 십자가를 지시도록 아들을 세상에 보내셨다는 의미다.[11] '이처럼' 사랑하셨다는 것은 민수기에서 놋 뱀이 장대에 매달린 것처럼 사랑하셨다는 뜻이다(요 3:14-15; 민 21:4-9). 다시 말하면, 아들을 십자가에 매달기까지 아버지께서는 세상을 사랑하셨다. '세상'은 아버지를 거역하고 반대하는 인류다. 그런 인류를 위해 아버지께서는 아들을 보내 고난받게 하시고, 십자가에서 죽게 하셨다. 사랑 때문이다.

> 유월절 전에 예수께서 자기가 세상을 떠나 아버지께로 돌아가실 때가 이른 줄 아시고 세상에 있는 자기 사람들을 사랑하시되 끝까지 사랑하시니라(요 13:1).

예수님은 세상에 계실 때 그분의 제자들을 사랑하셨다. 아버지께서 아들이신 예수님을 사랑하신 것처럼 아들은 그분의 제자들을 사랑하셨다(요 15:9). 잠시 사랑하고 만 것이 아니라, 끝까지 사랑하셨다. 자신의 말을 못 알아듣고, 심지어 부인하는 제자들도 포기하지 않고 사랑하셨다.

> 사람이 친구를 위하여 자기 목숨을 버리면 이보다 더 큰 사랑이 없나니(요 15:13).

예수님은 십자가에서 자신을 희생하면서 친구인 우리를 사랑하셨다. 우리를 위한 예수님의 사랑은 죽음으로 증명된다. 죽음은 최고의 사랑이다. 십자가는 하나님의 사랑이면서, 또한 예수님의 사랑이다. 죽음을 생명으로 바꾸는 예수님의 새 창조 사역은 사랑에 기초한다. 예수님은 사랑 때문에 우리의 죄를 용서하기 위해 십자가에 달리셨다.

새 창조의 사람들

예수님의 십자가 죽음은 그분을 믿는 우리를 새롭게 창조한다. 우리의 신분을 바꾸고, 성품을 바꾸고, 삶의 목표를 바꾼다. 예수님은 자신을 거부하고 비난하는 유대인들을 가리켜 마귀의 자녀라 하신다(요 8:44). 반면에, 예수님을 인정하고 받아들이는 자는 하나님의 자녀다(요 1:12). 사회적 지위나 성별이나 혈통의 구별이 없다. 누구든지 하나님의 자녀가 될 수 있다. 니고데모와 사마리아 여인이 이 사실을 보여 준다. 두 사람은 여러 면에서 정반대의 인물이다. 유대인과 사마리아인, 남자와 여자, 유대 지도자와 시골 여인 등에서 그렇다.

그러나 두 사람은 각각 예수님을 만났고, 변화되어 하나님의 자녀가 되었다. 니고데모는 요한복음 3장에서는 예수님의 말씀을 알아듣지 못했으나, 7장에서는 예수님의 편을 들고, 이윽고 19장에서는 향유를 들고 예수님의 무덤을 찾아갔다. 모든 제자가 두려워서 도망갔으나 니고데모는 담대하게 예수님의 시신을 받아 장사지냈다. 사마리아 여인도 처음에는 생수의 복음을 알아듣지 못했다. 그러나 예수님의 끈질긴 인내와 가르침 때문에 결국 예수님을 믿고 하나님의 자녀가 되었다. 이와 같이 새 창조는 우리의 신분을 바꾼다.

요한만큼 이기적인 인물도 없다. 야고보와 요한은 몰래 예수님을 찾아가서, 다른 제자들보다 더 높은 영광을 요구했다(막 10:35-37). 예수님의 나라에서 그분의 좌우편에 앉는 영광을 달라고 했다. 요한의 이기적인 모습은 다른 에피소드에도 나온다. 사마리아 한 마을이 예수님과 그 일행이 지나가는 것을 허락하지 않자 야고보와 요한은 분노했다. 하늘에서 불을 내려 마을을 불태우도록 명해야 할지 예수님께 여쭈었다(눅 9:54).

이러했던 요한이 예수님의 십자가 사랑을 경험했다. 그래서 요한복음을 쓰면서 자신의 이름 대신에 "그가[예수께서] 사랑하시는 자"(요 13:23)라고 기록했다. "서로 사랑하라"라는 새 계명을 그의 복음서에 기록하며, 성도들에게도 '서로 사랑'을 최고로 강조했다. 그래서 요한을 '사랑의 사도'라 한다. 예수님의 십자가를 경험하기 전에 요한의 별명은 '우레의 아들'이었다(막 3:17). 그런데 이제 사랑의 사도가 된 것이다. 이것이 새 창조의 위대한 능력이다. 마귀의 자녀를 하나님의 자녀가 되게 할 뿐만 아니라 우레의 아들이 사랑의 사도가 되게 한다.

갈릴리 어부 베드로의 꿈은 무엇이었을까? 아마도 갈릴리에서 이름난 수산업자가 되는 것이 그의 바람이었을지 모르겠다. 갈릴리는 이방인들이 많이 찾아오는 지역으로 무역이 발달했다. 그들에게 물고기를 많이 팔아서 큰 장사꾼이 되는 것이 베드로의 목표였을 수 있다. 뿐만 아니라 예루살렘에 있는 대제사장과 부유한 집안들에게 물고기를 잘 공급해 그들과 좋은 인맥을 쌓는 것이 목표였을 수도 있다.

그러나 예수님을 만나고 베드로의 인생 목표는 달라졌다. 예수님은 그에게 사람을 낚는 어부가 될 것이라고 하셨다. 요한복음에는 예수님의 양을 먹이는 목양에 관한 비전이 나온다. 베드로는 예수님의 양을 먹이고 돌보는 일에 부름 받았다. 실제로 베드로는 목숨이 다하는 날까지 이 일에 충성했다.

이것이 새 창조된 사람의 특징이다. 십자가를 만난 사람은 신분이 바뀐다. 마귀의 자녀에서 하나님의 자녀로 변화된다. 또한 성품이 바뀌고, 인격이 변화된다. 그리고 마침내 그의 인생 목표가 달라진다. 이것이 예수님의 죽음이 우리 안에 일으킨 변화다. 새 창조다.

결론

예수님의 "다 이루었다"(요 19:30)라는 말씀은 그분의 십자가를 이해하지 못하는 사람은 받아들이기 어려운 표현이다. 십자가는 비참한 최후를 맞이하는 사형 현장인데, 예수님은 그곳에서 실패가 아니라 성공을 선언하셨다. "아이고 망했다!"라고 하셔야 할 것 같은데, "다 이루었다"고 하셨다. 십자가는 예수님이 세상에 오신 목적이 성취되는 곳이었기 때문이다.

예수님은 사람들의 죄를 용서해 새 생명을 주기 위해 세상에 오셨다. 새 생명들로 구성된 새 창조의 하나님 나라를 세우는 것이 그분의 목적이었다. 이러한 예수님의 목적은 세상을 사랑하시는 하나님의 사랑에 기초한다. 따라서 십자가는

죄 용서를 위한, 생명을 위한, 새 창조의 하나님 나라를 위한
예수님의 사랑의 사역이 완성되는 곳이다.

묵상과 적용

필자가 박사 공부를 한 영국의 브리스톨이라는 도시는 인구
50만 명 정도의 그렇게 크지 않은 아담한 도시다. 런던에서
서쪽 웨일즈 방향으로 약 2시간 정도 가면 만날 수 있는, 바
닷가에 위치한 항구 도시다. 그런데 이곳은 역사적으로 우리
에게 잘 알려진 두 명의 유명한 그리스도인과 연관이 있다.

첫 번째 인물은 존 뉴턴(John Newton)이다. 새찬송가 305장
"나 같은 죄인 살리신"(Amazing Grace)을 작사한 사람이다. 뉴
턴이 노예 무역상을 할 때 아프리카 원주민들을 잡아 배에 싣
고 도착한 곳이 바로 브리스톨이다. 이곳은 노예를 사고판 도
시였다. 이렇게 인신매매를 해서 번 돈으로 술과 도박에 빠
져 있던 뉴턴은 어느 날 하나님을 찾게 되고, 자신의 죄를 뉘
우치고 새롭게 되었다. 그리스도인이 되었고, 목회자가 되었
다. 따라서 브리스톨은 아무리 추악한 죄인도 예수님이 성취
하신 십자가의 새 창조로 말미암아 새롭게 변화될 수 있다는
것을 보여 주는 도시다. 브리스톨은 존 뉴턴의 새 생명을 기

억나게 하는 도시다.

브리스톨을 대표하는 두 번째 유명 인사는 조지 뮬러(George Müller)다. 우리에게 조지 뮬러는 '기도의 사람'으로 알려져 있다.[12] 기도를 많이 하고, 또 기도 응답을 많이 받은 사람으로 유명하다. 그러나 그 사실만 알면 조지 뮬러에 대해서 반만 아는 것이다. 그는 사실 '고아들의 아버지'였다. 브리스톨은 그가 고아들을 위해 사역한 곳이다. 그의 기도의 대부분은 고아들을 위한 것이었다. 고아들을 먹일 빵을 달라는 기도, 고아들의 아픔을 치료해 달라는 기도, 고아들의 거처를 마련해 달라는 기도 등이었다. 따라서 브리스톨은 조지 뮬러의 사랑이 있는 도시다. 예수님을 만나면 성품이 새롭게 창조된다.

또한 브리스톨은 필자의 친구 자일스(Giles)를 만난 곳이기도 하다. 필자와 연구실을 함께 썼던 영국 친구다. 신학교에 오기 전 그는 부동산 중개업을 했다. 사람들에게 집을 소개해 주는 일을 한 것이다. 이 일을 하면서 돈을 벌어 집도 마련하고 경제적으로 안정된 생활을 했다. 그런데 예수님을 만나고 새로운 인생 목표가 생겼다. 그것은 사람들에게 이 세상의 집보다 더 중요하고 영원한 하늘의 집을 소개해 주는 것이다.

물론 이 말은 우리 모두 자신의 현재 생업을 포기하고 다 신학교에 가야 한다는 뜻이 아니다. 필자가 영국에서 만난 한국인 A집사는 원래 영국에 신학을 공부하기 위해 유학을 왔다. 그런데 신학을 공부하면 할수록 자신의 부르심은 목회에 있는 것이 아님을 깨달았다.

앞으로 무엇을 할까 곰곰이 생각해 보니, 선교사들을 돕는 사역이 떠올랐다. 많은 선교사가 험지에서 선교하다가 후퇴하는 이유 중 하나가 자녀 교육이라는 것을 알게 되었다. 그래서 선교사들이 자녀 걱정 없이 안심하고 선교할 수 있도록 그들의 자녀들을 위한 학교를 세우고 싶다는 생각이 들었다. 이후 자신의 전공을 철학으로 바꾸어, 영국의 유명 사립학교 철학 교사로 취업했다. 열심히 자금을 모아 선교사 자녀 학교를 세우는 것이 평생의 꿈이 되었다. 예수님의 십자가를 만나면 인생 목표가 새롭게 창조된다.

어느 날 운전 중에 기독교 라디오 방송을 듣고 있는데, 그날 진행자가 한 멘트가 하루 종일 귀에 맴돌았다.

"내 헤어스타일이 바뀌면 주위 사람들이 알아본다. 심지어 머리에 작은 변화를 주었을 뿐인데 그것을 기막히게 알아보는 사람이 있다. 이와 같이 우리가 예수님을 만나 달라진 것을 주위 사람들이 알고, 우리의 변화를 통해 예수님이 드러나시면 좋겠다."

예수님을 만나면 내 존재가 바뀌고, 성품이 바뀌고, 삶의 목표가 바뀐다.

토론과 나눔을 위한 질문

1 예수님이 성취하셔야 할 하나님의 일, 하나님의 뜻은 무엇이었는가?

2 죄와 새 창조는 어떤 관련이 있는가?

3 요한복음에서 사랑이 차지하는 위치에 대해 말해 보라.

4 니고데모와 사마리아 여인의 공통점과 차이점은 무엇인가? 이것은 복음의 어떤 성격을 말해 주는가?

5 요한복음에서 변화된 사람들의 모습을 정리해 보자. 그리고 나는 예수님을 만나고 무엇이, 얼마만큼, 어떻게 달라졌는지 살펴보자. 그리고 어떤 부분에서 더 변화되고 싶은지 나눠 보자.

유언으로서 가상칠언

항상 그런 것은 아니지만, 우리가 어떤 사람의 유언을 가만히 들여다보면 그 사람의 가치관이나 철학을 알 수 있다. 이순신 장군은 노량해전에서 적의 총탄에 맞아 숨을 거두기 전에 우리가 잘 아는 다음과 같은 유언을 남겼다.

  싸움이 위중하니 나의 죽음을 알리지 말라.

  자신의 안위는 어떻게 되든지, 죽는 순간까지 오직 나라를 걱정하는 그의 지극한 애국심을 알 수 있다.

  존 칼빈(John Calvin)은 어떠한가? 기독교 2000년 역사에 그만큼 위대한 업적을 남기고 많은 영향을 끼친 사람이 또 있을까. 종교 개혁을 이끌었으며, 《기독교 강요》를 비롯한 수많은 저술을 후대에 남겼다. 그런 그는 평소에 다음과 같은 유언을 했다고 한다.

  내가 죽고 난 후 내 무덤에 어떤 묘비도 세우지 말라.

사나 죽으나 오직 하나님의 영광만을 바라고 산 칼빈의 신념
이 여지없이 드러나는 대목이다. 이처럼 어떤 사람의 유언을 들
으면, 그 사람이 무엇에 초점을 맞추며 살았는지를 알 수 있다.

예수님은 십자가에서 운명하시기 전에 일곱 마디의 말씀,
즉 가상칠언을 남기셨다. 가상칠언은 일종의 유언이다. 따라
서 가상칠언을 잘 알면 예수님의 생애를 잘 이해할 수 있다.
예수님이 무엇을 중요하게 생각하시고, 무엇을 위해 사셨는
지를 잘 알 수 있다. 그래서 우리가 무엇을 믿고, 어떻게 살
아야 하는지를 깨달을 수 있다. 그리하여 궁극적으로 우리로
하여금 십자가를 의지하고 사랑하고 자랑하게 한다.

° 십자가는 우리가 하나님께 버림받지 않게 하시려고 예수님이 버
   림받으신 곳이다.
° 십자가는 희년을 위해 예수님이 우리 죄를 책임지신 곳이다.
° 십자가는 우리의 구원을 위한 예수님의 열심이다.
° 십자가는 자신을 하나님의 주권에 맡기시는 예수님의 믿음의 모
   범이 나타난 곳이다.
° 십자가는 하나님의 새로운 가족이 시작된 곳이다.
° 십자가는 우리의 목마름을 해소하시려는 예수님의 목마름이다.
° 십자가는 우리를 새롭게 창조하시는 예수님의 목표가 달성된 곳
   이다.

이것이 가상칠언을 통해 본 예수님의 가장 중요한 가치다. 예수님은 이 일을 위해 오셨고, 이 일을 위해 사셨고, 이 일을 위해 죽으셨다. 그런 이유로 예수 그리스도의 십자가에 대한 사랑을 고백하는 새찬송가 150장 1절 가사로 이 책을 끝맺고자 한다.

갈보리산 위에 십자가 섰으니 주가 고난을 당한 표라
험한 십자가를 내가 사랑함은 주가 보혈을 흘림이라

최후 승리를 얻기까지 주의 십자가 사랑하리
빛난 면류관 받기까지 험한 십자가 붙들겠네

- 조지 버나드(G. Bennard, 1913)

머리말_ 왜 십자가인가? 왜 가상칠언인가?

1. 이 책들의 원서는 다음과 같다. John Stott, *The Cross of Christ*(Downers Grove: InterVarsity Press, 1986); N. T. Wright, *The Day the Revolution Began: Reconsidering the Meaning of Jesus's Crucifixion*(New York: HaperCollins, 2016).

프롤로그_ 십자가형이란?

1. 그러나 하스모니아 왕조 시대에 십자가형이 집행되었다는 기록이 있다. 요세푸스에 따르면, 대제사장 알렉산더 얀네우스는 800명의 바리새인들을 십자가형으로 처형했다(《고대사》 13. 380-3; 《전쟁사》 1. 97-8). Gerald G. O'Collins, "Crucifixion," *Anchor Bible Dictionary*, vol 1, 1207. 아마도 헬라-로마 사회에 있는 십자가형의 영향을 받았을 것이다.

2. 십자가형에 대한 자세한 설명은 다음의 글들을 참고하라. Gerald L. Borchert, *John 12-21*(Nashville: B&H Publishing Group, 2002), p. 263; David E. Garland, *Luke*(Grand Rapids: Zondervan Academic, 2012), p. 921; 마르틴 헹엘, *Mors turpissima crucis: Die Kreuzigung in der antiken Welt und die "Torheit" des "Wortes" von Kreuz*, 《십자가 처형》(서울: 감은사, 2020); 레이몬드 E. 브라운, *The Death of the Messiah: From Gethsemane to the Grave: A Commentary on the Passion Narratives in the Four Gospels*, 《메시아의 죽음 II》(서울: CLC, 2018), pp. 1532-45.

3. 십자가형은 원래 로마 제국에서 시작된 사형 제도는 아니다. 페르시아를 비롯한 다양한 고대 이방 지역에서 이미 십자가형이 시행되었는데, 로마 제국이 도입하여 굉장히 잔인한 사형 방법으로 사용했다. 헹엘, 《십자가 처형》, pp. 53-4.

4. A. J. Köstenberger, *John*(Grand Rapids: Baker Academic, 2004), p. 543.

5. Borchert, *John*, p. 262.

6. Gerald G. O'Collins, "Crucifixion," *Anchor Bible Dictionary*, vol 1, p. 1209.

7. 헹엘, 《십자가 처형》, pp. 58-9.

8. 브라운, 《메시아의 죽음 II》, pp. 1538-45.

9. Craig L. Blomberg, *Matthew: An Exegetical and Theological Exposition of Holy Scripture*(B&H Publishing Group, 1992), p. 416. 물론 '쓸개 탄 포도주', '몰약을 탄 포도주'의 긍정적인 역할을 부인하는 학자들도 적지 않다. 왜냐하면 군인들에 의해 제공되었는데, 예수님을 잔인하게 죽이는 군인들이 이런 선한 역할을 할 리가 없기 때문이다. Michael J. Wilkins, *Matthew*(Grand Rapids: Zondervan, 2004), p. 898; C. A. Evans, *Mark 8:27-16:20*(Nashville: Nelson Reference & Electronic Publishing, 2001), p. 501. 그러나 프란스는 이것이 애초에 예수님을 따르던 여인들에 의해 제공되었을 가능성을 제기한다. R. T. France, *The Gospel of Mark: A Commentary on the Greek Text*(Grand Rapids: Wm. B. Eerdmans Publishing, 2002), p. 643. 아마도 여인들이 군인들의 허락을 받아서 혹은 군인들을 통해 이 선의의 포도주를 제공한 듯하다. 그러나 예수님은 자신에게 주어진 고통을 온전히 담당하기 위해 이것을 거부하셨다.

10. R. T. France, *The Gospel of Matthew*(Grand Rapids: Wm. B. Eerdmans Publishing, 2007), p. 1078; Grant R. Osborne, *Matthew*(Grand Rapids: Zondervan Academic, 2010), p. 1038; L. Morris, *The Gospel according to John*(Grand Rapids: Wm. B. Eerdmans Publishing, 1971), p. 720.

11. Stein, *Luke*, p. 590; D. A. Carson, *The Gospel according to*

John(Grand Rapids: Wm. B. Eerdmans Publishing, 1991), p. 620.

12. Garland, *Luke*, p. 921; 헹엘, 《십자가 처형》, p. 175.

13. O'Collins, "Crucifixion," p. 1209.

14. 헹엘, 《십자가 처형》, p. 176.

15. F. F. Bruce, *Commentary on Galatians*(Grand Rapids: Eerdmans, 1982), p. 271.

16. 헹엘, 《십자가 처형》, p. 87.

17. 같은 책, p. 27.

18. 레온 모리스, 《그리스도의 십자가》(서울: 바이블리더스, 2007); 존 스토트, 《그리스도의 십자가》(서울: IVP, 1988).

19. 스토트, 《그리스도의 십자가》, p. 127.

1장 임마누엘을 위한 십자가

1. 이어령, 《우물을 파는 사람》(서울: 두란노, 2012), p. 208.

2. 물론 삼위 하나님의 본질적 연합이 단절되었다는 뜻은 아니다. 성부와 성자 사이의 교제의 단절을 의미한다. 참고. 스토트, 《그리스도의 십자가》, p. 151.

3. 물론 시편 22편은 탄식만 노래하지 않는다. 전반부는 버림받은 고통을 탄식하는 내용이지만(시 22:1-21), 후반부는 고통에서 건져 주실 것을 신뢰하는 감사시다(시 22:22-31). 김정우, 《시편 주석 I》(서울: 총신대학교출판부, 2015), pp. 574-8.

4. R. T. France, *The Gospel of Matthew*(Grand Rapids: Wm. B. Eerdmans Publishing, 2007), pp. 1075-6.

5. Jean Calvin, *A Harmony of the Gospels Matthew, Mark and Luke Volume 3 and the Epistles of James and Jude*, ed. David Wishart Torrance and Thomas F. Torrance, trans. A. W. Morrison(Grand Rapids: Wm. B. Eerdmans Publishing, 1972), pp. 209-10; Darrell L.

Bock, *Luke 9:51-24:53*(Grand Rapids: Baker Academic, 1996), pp. 1861-2.

6. Michael J. Wilkins, *Matthew*(Grand Rapids: Zondervan, 2004), p. 904. 윌킨스는 예수님의 이 마지막 부르짖음을 고통스러운 호소라고 해석하면서도, 사실 이것은 요한복음 19장 30절에 나오는 예수님의 승리의 외침과 평행을 이룰 수 있다고 한다. 다른 한편, 정훈택과 양용의는 누가복음 23장 46절일 수도 있고, 요한복음 19장 30절일 수도 있다고 한다. 정훈택, 《쉬운 주석 마태복음》(서울: 그리심, 2007), p. 400; 양용의, 《마태복음 어떻게 읽을 것인가》(서울: 성서유니온선교회, 2005), p. 481.

7. France, *The Gospel of Matthew*, p. 1078; Donald A. Hagner, *Matthew 14-28*, Volume 33B(Dallas: Word Books, 1995), p. 845.

8. Grant R. Osborne, *Matthew*(Grand Rapids: Zondervan, 2010), p. 79; John Nolland, *The Gospel of Matthew*(Grand Rapids: Eerdmans, 2005), p. 102.

9. 고린도후서에 나오는 바울의 대적자들의 구체적인 정체에 대해서는 학자들마다 의견이 분분하다. 그러나 그들이 누구든지 간에 바울의 약점을 공격하여 그의 사도직과 복음을 폄훼하려 했던 것만은 분명하다. Scott J. Hafemann, *2 Corinthians*(Grand Rapids: Zondervan, 2000), p. 60, 64.

10. https://namu.wiki/w/%EC%9C%A0%EA%B8%B0%EA%B2%AC.

2장 희년을 위한 십자가

1. 김요한, 《행복하려면 먼저 자유로워져라》(서울: 매일경제신문사, 2017).

2. Joel B. Green, *The Gospel of Luke*(Grand Rapids: Wm. B. Eerdmans Publishing, 1997), p. 820.

3. Anthony Bash, *Just Forgiveness: Exploring the Bible, Weighing the*

Issues(London: SPCK, 2012), p. 52.

4. 김덕중, 《거룩: 삶 속에서 만나는 거룩하신 하나님》(서울: 킹덤북스, 2013), p. 255.

5. 헬라어 구약 성경은 희년을 '자유' 및 '해방'을 뜻하는 '아페시스'라고 한다. 우리말 '희년'은 '기쁨'을 뜻하는 영어 'Jubilee'의 번역인데, 사실 영어 'Jubilee'는 라틴어 성경 불가타에서 희년을 가리키는 라틴어 'Jubilaeus'에서 왔다. John F. A. Sawyer, *Isaiah Through the Centuries*(Hoboken: John Wiley & Sons, 2020), p. 350. 다른 한편, 히브리어 성경도 희년을 '자유의 해'라고 명명하기도 한다. "군주가 만일 그 기업을 한 종에게 선물로 준즉 그 종에게 속하여 희년[쉬나트 하데로르-자유의 해]까지 이르고 그 후에는 군주에게로 돌아갈 것이니 군주의 기업은 그 아들이 이어받을 것임이라"(겔 46:17).

6. 전정진, 《레위기 어떻게 읽을 것인가》(서울: 성서유니온선교회, 2004), p. 259.

7. 여기에 나오는 금산교회 이야기는 국민일보 2008년 12월 9일자 노희경 기자의 다음 글을 발췌, 수정했다. "국민일보 20th-주인이 머슴을 '주님의 종'으로 섬기다."

3장 구원을 위한 십자가

1. 어니스트 헤밍웨이, 《헤밍웨이 단편선 2》(서울: 민음사, 2013), p. 111.

2. Robert H. Stein, *Luke*(Nashville: B&H Publishing Group, 1992), p. 99.

3. Stein, *Luke*, p. 100. 이런 의미에서 누가복음 23장 39-43절 단락을 주의해서 살펴볼 필요가 있다. 끝까지 예수님을 거부하는 행악자는 예수님께 "네가 그리스도가 아니냐 너와 우리를 구원하라"(눅 23:39)라고 말한다. 이때 구원은 육체적인 위험을 모면하는 것이다. 그런데 예수님은 여기서 육체적인 구원이 아니라, 영혼을 낙원으로 인도하는 영적인 구

원을 베푸셨다.

4. Bock, *Luke 9:51-24:53*, p. 29; 길성남, 《성경이 무엇을 말하느냐?》(서울: 성서유니온선교회, 2014), pp. 168-71.

5. Guy D. Nave, *The Role and Function of Repentance in Luke-Acts*(Leiden: Brill, 2002), p. 184.

6. Green, *The Gospel of Luke*, p. 667. 헬라어 동사 '제테오'에는 '~을 위해 열심히 노력하다'라는 의미가 있다. *BDAG*, p. 428.

7. Stein, *Luke*, p. 459; Charles B. Cousar, *Texts for Preaching: Year C*(Louisville: Westminster John Knox Press, 1994), p. 583.

8. 다양한 추측에 대해서는 다음을 참고하라. 윌럼 핸드릭슨, 《누가복음 하》(서울: 아가페출판사, 1985), p. 406.

9. 노발 겔든휘스, 《누가복음 하》(서울: 생명의말씀사, 1985), pp. 296-7.

10. 헬라어 사본상에도 논란이 있는데, 자세한 논의는 다음의 글을 참조하라. Edwards, *The Gospel according to Luke*, p. 691.

11. Green, *The Gospel of Luke*, p. 823; Stein, *Luke*, p. 592.

12. Bock, *Luke 9:51-24:53*, p. 1856.

13. 핸드릭슨은 이 두 가지 외에, 낙원이 행악자가 기대한 것 이상의 축복이라고 한다. 그러나 낙원이 '당신의 나라'보다 더 큰 축복이라고 단정 짓기는 어렵다. 따라서 '오늘'과 '나와 함께할 것이다'라는 두 가지 축복으로 보는 것이 좋다. 핸드릭슨, 《누가복음 하》, p. 408.

4장 믿음을 위한 십자가

1. 알랭 드 보통, 《불안》(서울: 은행나무, 2011).

2. Calvin, *A Harmony of the Gospels Matthew, Mark and Luke Volume 3 and the Epistles of James and Jude*, p. 210.

3. Green, *The Gospel of Luke*, p. 826.

4. 같은 책, p. 596.

5. Stein, *Luke*, p. 46.

6. Joseph A. Fitzmyer, *Gospel According to Luke X-XXIV*(New York: Doubleday Religious Publishing Group, 2000), p. 1519.

7. 물론 여기서 초점은 고난이 아니라 선을 행하는 것에 있다. 고난이 무조건 하나님의 뜻이라는 말이 아니라, 선을 행하는 것이 하나님의 뜻이라는 말이다. 그런데 선을 행할 때 때로는 고난을 받을 수 있다. 그러나 성도는 이러한 고난도 하나님의 뜻 안에 있는 것인 줄 알고 오직 하나님만 바라보아야 한다. Karen H. Jobes, *1 Peter, BECNT*(Grand Rapids: Baker Academic, 2005), pp. 231-2.

8. Thomas R. Schreiner, *1, 2 Peter, Jude, NAC*(Nashville: B&H Publishing Group, 2003), p. 229.

9. 여기 사도행전 14장 23절에서 '주'는 예수님을 가리킨다. 십자가에서 맡기는 믿음의 모범을 보여 주신 예수님은 이제 그분의 제자들의 기도를 들으시고 친히 그분의 교회를 돌보신다. 다른 한편, 사도행전 20장 32절에 '주'는 보다 많은 헬라어 사본에 '하나님'으로 나온다. 대부분의 영어 성경은 'God'이라 한다. David Peterson, *The Acts of the Apostles*(Grand Rapids: Wm. B. Eerdmans Publishing, 2009), pp. 572.

10. Darrell L. Bock, *A Theology of Luke and Acts: God's Promised Program, Realized for All Nations*(Grand Rapids: Zondervan Academic, 2015), p. 267.

11. Bock, *Luke 9:51-24:53*, pp. 1455-6. 누가복음에서 이렇게 영적으로 깨어서 신실하게 주님의 오심을 기다리라는 교훈은 반복된다(눅 12:35, 40, 43, 46, 17:24, 26-30).

12. James R. Edwards, *The Gospel According to Luke*(Grand Rapids: Wm. B. Eerdmans Publishing, 2015), p. 696.

13. John B. Polhill, *Acts*(Nashville: B&H Publishing Group, 1992), p. 280.

14. 주무시는 예수님을 인성의 차원에서 해석하는 학자도 있고, 신성의 차원에서 해석하는 학자도 있다. 스트라우스나 오스본은 예수님이 하나님을 신뢰하면서 주무셨다고 한다. Mark L. Strauss, *Mark*(Grand Rapids: Zondervan Academic, 2014), p. 207; Grant R. Osborne, *Matthew*(Grand Rapids: Zondervan Academic, 2010), p. 313. 이와 달리, 갈랜드는 예수님이 바다를 다스리시는 위엄으로 주무셨다고 한다. David E. Garland, *Luke*(Grand Rapids: Zondervan Academic, 2012), p. 356.

5장 새로운 가족을 위한 십자가

1. 이 장에 나오는 내용은 다음 연구의 결과물로서 중복되는 표현이 있음을 밝힌다. 권해생, "예수의 십자가와 하나님의 새로운 가족(요 19:25-27)", 〈신약연구〉 17/4(2018), pp. 526-55; 권해생, "예수님의 세족(요 13:1-17)에 나타난 성전과 가족으로서의 예수님 공동체 모습", 〈교회와문화〉 32(2014), pp. 44-68; 권해생, "요한복음의 새 창조 모티프: 표적, 십자가와 부활, 성전", 〈신약연구〉 16/4(2017), pp. 135-75; 권해생, 《요한복음》 확대개정판(서울: 총회출판국, 2021); 〈Christianity Today〉 한국판 2018년 7-8월호, pp. 66-9.

2. 권해생, 《요한복음》, p. 126.

3. 같은 책.

4. 같은 책, p. 629.

5. 이 주제에 관한 학술적인 설명은 다음의 논문을 참조하라. 권해생, "요한복음의 새 창조 모티프: 표적, 십자가와 부활, 성전", 〈신약연구〉 16/4(2017), pp. 135-75.

6. 물론 에스겔서 말씀은 성령에 의한 마음의 변화가 하나님의 법을 실천하는 삶의 변화로 이어진다는 뜻이다. Lamar Eugene Cooper, *Ezekiel, NAC 17*(Nashville: B&H Publishing Group, 1994), p. 317. 따라서 종

합해 보면, 성령으로 마음이 변화되어 예수 그리스도를 믿는 하나님의 자녀는 삶 속에서 하나님의 법을 따라 살아가는 삶의 변화의 열매를 맺는다.

7. 자세한 설명은 권해생, 《요한복음》, pp. 146-7을 참조하라.

8. 자세한 설명은 다음의 논문을 참조하라. 권해생, "예수님의 세족(요 13:1-17)에 나타난 성전과 가족으로서의 예수님 공동체 모습", 〈교회와 문화〉 32(2014), pp. 44-68.

9. 이 번역과 "세한도"의 배경은 다음의 자료에서 가져온 것이다. 이일수, 《옛 그림에도 사람이 살고 있네》(서울: 시공사, 2018), pp. 97-106.

6장 목마름 해소를 위한 십자가

1. 환경부 물 환경 정보 시스템. http://water.nier.go.kr/front/waterEasy/knowledge04_05.jsp

2. https://post.naver.com/viewer/postView.nhn?volumeNo=16471003&memberNo=40848952

3. 이 장에 나오는 내용은 다음 연구의 결과물로서 중복되는 표현이 있음을 밝힌다. 권해생, "예수의 목마름(요 19:28)에 관한 연구", 〈신약연구〉 20/2(2021), p. 344-76; 권해생, 《요한복음》, pp. 590-639.

4. Edward W. Klink III, *John*(Grand Rapids: Zondervan, 2017), p. 181.

5. Mitchell Dahood, *Psalms II 51-100*(New York: Yale University Press, 1995), p. 156.

6. R. E. Brown, *The Gospel according to John*(New York: Doubleday, 1966), p. 134; Carson, *The Gospel according to John*, p. 151.

7. Mark W. G. Stibbe, *John*(Sheffield: JSOT Press, 1993); J. T. Nielsen, "The Lamb of God: The Cognitive Structure of a Johannine Metaphor," in *Imagery in the Gospel of John: Terms, Forms, Themes, and Theology of Johannine Figurative Language*, ed., J. Frey and

Others(Tübingen: Mohr Siebeck, 2006), p. 153.

8. 14만 4,000은 모든 하나님의 백성을 총칭하는 상징수다. 구약의 12지파와 신약의 12사도와 1,000(완전수)이 곱해져 14만 4000이 나왔다. G. K. Beale, *The Book of Revelation*(Grand Rapids: Wm. B. Eerdmans Publishing, 1999), pp. 416-7.

9. 생명수의 강은 또한 성령의 사역과도 연결된다. 하나님과 어린양의 보좌로부터 나와서 만국을 살리는 생명의 역사는 성령의 사역이다. 따라서 새 하늘과 새 땅은 삼위 하나님의 충만한 역사로 풍성한 생명이 흘러넘친다. 변종길, 《요한계시록》(대구: 말씀사, 2017), p. 381.

10. 자세한 설명은 권해생, 《요한복음》, pp. 171-3을 참고하라.

11. Edward W. Klink III, *John*(Grand Rapids: Zondervan, 2017), p. 238. A. T. Lincoln, *The Gospel according to Saint John*(London: Continuum International Publishing Group, 2005), p. 174; Marianne Meye Thompson, *John*(Louisville: Presbyterian Publishing Corp, 2015), p. 230.

12. A. J. Köstenberger, *John*(Grand Rapids: Baker Academic, 2004), p. 210.

13. 자세한 설명은 권해생, 《요한복음》, pp. 273-81을 참고하라.

14. 여기 나오는 싯딤나무에 대한 설명은 다음의 온라인 자료에서 가져온 것이다. http://news.kmib.co.kr/article/view.asp?arcid=0924162199&code=23111653; http://m.amennews.com/news/articleView.html?idxno=10807; https://m.blog.naver.com/PostView.naver?isHttpsRedirect=true&blogId=topattic&logNo=221248641756

7장 새 창조를 위한 십자가

1. 이 장에 나오는 내용은 다음 연구의 결과물로서 중복되는 표현이 있음을 밝힌다. 권해생, "요한복음의 십자가에 대한 해석과 논쟁 연구", 〈성

경과신학〉 73(2015), pp. 73-100; 권해생, "요한복음의 새 창조 모티프: 표적, 십자가와 부활, 성전", 〈신약연구〉 16/4(2017), pp. 135-75; 권해생, "요한복음 11:47-53에 나타난 예수 죽음의 배경과 목적: 성전과 유월절, 그리고 하나 됨", 〈신약연구〉 20/1(2001), pp. 152-87; 권해생, 《요한복음》, pp. 634-45.

2. 권해생, 《요한복음》, pp. 126-7.

3. Morris, *The Gospel of John*, pp. 611-3.

4. Klink III, *John*, p. 293.

5. 권해생, 《요한복음》, p. 560. '예기적'(proleptic)이란 아직 하지 않은 일이지만 이미 한 것처럼 표현하는 것을 뜻한다.

6. 권해생, 《요한복음》, pp. 97-9.

7. M. Turner, "Atonement and the Death of Jesus in John: Some Questions to Bultmann and Forestell," *EQ 62*(1990), pp. 99-122.

8. 권해생, 《요한복음》, pp. 643-4.

9. 같은 책, pp. 636-9.

10. 변종길, 《요한계시록》, p. 381.

11. Brown, *The Gospel according to John*, p. 134.

12. 5만 번 이상 기도 응답을 받은 것으로 유명하다. 참고. 죠지 뮬러, 《죠지 뮬러의 기도》(서울: 브니엘출판사, 2008).